Georg Hermann Stoltz

Ein Kaufmann zwischen Hamburg und Brasilien

von Hans Joachim Schröder

Hamburgische Wissenschaftliche Stiftung
gegründet 1907

Mäzene für Wissenschaft

hg. von Ekkehard Nümann

Gefördert von
den Familien Börner, Mirow und Stoltz

Den Familien gewidmet, die durch ihre hochherzigen Stiftungen vor 111 Jahren die Gründung der *Hamburgischen Wissenschaftlichen Stiftung* ermöglicht und den Grundstein dafür gelegt haben, dass die Stiftung auch heute noch Forschung, Lehre und Bildung fördern kann.

Inhalt

Vorwort des Herausgebers 4
Grußwort 5
1. Einleitung 6
2. Quellenlage 10
3. Herkunft 13
4. Schulzeit 17
5. Sprung nach Brasilien 22
6. Heirat. Die Ehefrau und ihre Familie 29
7. Geschäfte und Aktivitäten in Brasilien bis um 1900 51
8. Engagement in der Gesellschaft Germania 68
9. R. Hans Stoltz und die Geschäfte in Brasilien etwa seit 1900 . . . 74
10. Wentorf 85
11. G. Hermann Stoltz als Mäzen, Stifter und Wohltäter 102
12. Erster Weltkrieg und Folgejahre 118
13. Umgang mit der Handelskammer Hamburg 128
14. Das Gedenkbuch zum neunzigsten Geburtstag 136
15. Letzte Lebensjahre und Ausblick 146
16. Anhänge 156
Stammtafel (Auszug) 156
Georg Hermann Stoltz' Lebensdaten im Überblick 158
17. Quellen, Literatur und Bildnachweis 159
18. Namensregister 163

Vorwort des Herausgebers

Im Jahr 2007 feierte die Hamburgische Wissenschaftliche Stiftung ihr 100-jähriges Jubiläum. Der vorliegende einundzwanzigste Band ist Teil der zu diesem Anlass ins Leben gerufenen Schriftenreihe „Mäzene für Wissenschaft". In ihr wird die Geschichte der Stiftung dargestellt; außerdem werden Stifterpersönlichkeiten und Kuratoriumsmitglieder in Einzelbänden gewürdigt.

Die Absicht, diese Reihe herauszugeben, entspricht dem dankbaren Gefühl den Personen gegenüber, die vor mehr als 100 Jahren den Mut hatten, die Stiftung zur Förderung der Wissenschaften in Hamburg zu gründen und erreichten, dass Hamburg eine Universität erhielt. Verknüpft damit ist die Hoffnung und Erwartung, dass nachfolgende Generationen sich hieran ein Beispiel nehmen mögen.

Dieser Hoffnung haben die Familien Börner, Mirow und Stoltz in hochherziger Weise entsprochen, wofür wir ihnen zu großem Dank verpflichtet sind.

Ekkehard Nümann

Grusswort

Im Namen aller Nachfahren meines Urgroßvaters Georg Hermann Stoltz danke ich der Hamburgischen Wissenschaftlichen Stiftung für die Veröffentlichung seiner Biografie im Rahmen ihrer Schriftenreihe „Mäzene für Wissenschaft“.

Wir freuen uns, dass damit unser Vorfahr als Mäzen und erfolgreicher Kaufmann mit großen Verdiensten um die Deutsch-Brasilianischen Wirtschaftsbeziehungen noch einmal gewürdigt und sein interessanter Lebenslauf in bewegten Zeiten übersichtlich und bebildert dargestellt wird.

Als Kaufmann zeichnete er sich vor allem durch Weitblick für die wirtschaftliche Entwicklung und zielstrebige Verfolgung vielfältiger Aktivitäten sowie gute Menschenkenntnis, Mitarbeiterführung, Verkaufstalent und Zuverlässigkeit aus. In der Familie war er Patriarch, in seinem Umfeld oft Wohltäter; seine politische Einstellung war den Zeiten entsprechend nationalkonservativ. Er lebte sich in Brasilien sehr schnell ein, hielt aber strikt an seinen deutschen Wurzeln fest.

Das Leben zwischen zwei Kontinenten und Kulturen ist für viele seiner Nachkommen auch heute noch prägend. Ich persönlich empfinde es als Chance und Bereicherung.

Claudio H. Stoltz

[1]

Einleitung

Unter den Mäzenen, die im Jahre 1907 durch ihre Spenden die Gründung der Hamburgischen Wissenschaftlichen Stiftung und damit – verkürzt gesagt – zwölf Jahre später die Gründung der Universität Hamburg ermöglichten, kann der Kaufmann Georg Hermann Stoltz, der von 1845 bis 1939 lebte, als ein in vieler Hinsicht typischer Repräsentant gelten. Die Schar derer, die Werner von Melle, der eigentliche Initiator der Universitätsgründung,[1] kurz nach 1900 um sich versammelte, damit sie das finanzielle Fundament für diese Gründung legten, lässt sich im Sinne der qualitativen Sozialforschung oder auch der Kulturanthropologie als ein Sample begreifen, als eine Personengruppe mit einem Bündel gleichgearteter, unmittelbar vergleichbarer Eigenschaften. In dem in zweiter Auflage erschienenen Buch „Die Begründer der Hamburgischen Wissenschaftlichen Stiftung" von Johannes Gerhardt[2] gewinnt man einen guten biografischen Überblick über die Merkmale derjenigen, die zur Gruppe der Mäzene gehörten. In welchem Sinne diese Gruppe ein Sample bildet, sei kurz erläutert.[3]

Für den hier in den Blick genommenen Zusammenhang sind es vor allem vier Eigenschaften, die aus einer Personengruppe ein Sample entstehen lassen. Wenn beispielsweise vierzig, sechzig oder auch hundert Menschen zu ein und derselben Generation gehören (zeitliche Festlegung), wenn sie ihren Hauptwohnsitz zeitweise oder lebenslang in ein und derselben Region haben (räumliche Festlegung), wenn sie alle gemeinsam zu einer bestimmten Sozialschicht zählen (soziale Festlegung) und wenn sie schließlich hinsichtlich ihres Geschlechts eine Einheit bilden (Geschlechterfestlegung), dann schließt sich eine solche Gruppe zu einem Sample zusammen. Üblicherweise ist „Sample" ein Begriff der Forschung. In den Sozialwissenschaften werden z. B. Informanten zu einem Sample gebündelt, um Merkmale zu untersuchen, die nicht nur einen Einzelmenschen, sondern übergreifend kleinere oder größere Teile der Gesellschaft in ihrer Gesamtheit kennzeichnen. Das Sample der Mäzene, das sich um Werner von Melle herum gebildet hatte, ist insofern bemerkenswert, als es gewissermaßen unter der Hand entstanden ist. Melle suchte nicht Auskunftgeber, um ein Forschungsprojekt voranzubringen, sondern er suchte und fand eine größere Gruppe von Geldgebern.

Die Mäzene der Hamburgischen Wissenschaftlichen Stiftung sind im Foyer des Hauptgebäudes der Universität auf zwei großen Gedenktafeln namentlich aufgeführt. Wichtig ist zunächst einmal die schwarze Marmortafel an einer linken Säule, auf der 47 Förderer in alphabetischer Reihenfolge aufgelistet sind. Es sind Förderer, „die in den Jahren 1906 und 1907 mindestens 10.000 Mark für die Hamburgische Wissenschaftliche Stiftung gestiftet und sich damit in besonderem Maße um diese Einrichtung verdient gemacht haben“.[4] Neben den 47 genannten Personen bzw. Personengruppen gibt es zahlreiche weitere Förderer; der Einfachheit halber wird hier jedoch von einem Sample der 47 Hauptförderer ausgegangen. Zu ihnen zählte auch G. Hermann Stoltz, der eine Summe von zusammengerechnet 25.000 Mark gespendet hatte.[5]

Unter den vier wesentlichen Merkmalen, die ein Sample begründen, brauchen die beiden Merkmale der regionalen und der sozialen Zugehörigkeit nicht weiter erörtert zu werden: Die 47 auf der linken Marmortafel Genannten haben einen direkten Bezug zur Stadt Hamburg, und sie gehören der Sozialschicht des gehobenen Bürgertums an. Etwas schwieriger ist die Frage der Generationszugehörigkeit. Sie soll hier nicht in wissenschaftlicher Exaktheit, sondern in Form einer Schätzung, also annäherungsweise beantwortet werden, wobei bedacht werden muss, dass es auch in der Wissenschaft zugelassen ist, wenn zu einem Sample einzelne Ausnahmen oder „Ausreißer“ gehören. Überblickt man die Lebensdaten, im Besonderen die Geburtsdaten der mehr als vierzig Hauptförderer der linken Säule – genau betrachtet sind es 53 Personen, zu denen sich im „Begründer“-Buch von Johannes Gerhardt nähere biografische Angaben finden[6] –, so liegt die Schwankungsbreite der Geburtsjahrgänge zwischen 1830 und 1880. Eine Spanne von fünfzig Jahren ist zur Kennzeichnung einer Generation – der vielgebrauchte Begriff ist mehrdeutig und umstritten – zu groß. Legt man die üblicherweise angenommene Zeitspanne von dreißig Jahren zugrunde, so lässt sich das Sample der Mäzene auf die Geburtsjahrgänge 1835 bis 1865 eingrenzen. Damit fallen sechs Personen aus dem Sample heraus. Schwerpunktmäßig kann die Generation der Förderer noch stärker eingegrenzt werden auf die Geburtsjahrgänge zwischen 1837 und 1863; es gehören dann vierzig von zweiundfünfzig Personen zum Sample der Förderer.

Ein Kuriosum oder auch etwas für die frühen Jahrzehnte des zwanzigsten Jahrhunderts überaus Zeittypisches ergibt sich mit einem Blick auf das vierte Sample-Kriterium, die Geschlechterzugehörigkeit. Unter den 53 Förderern tauchen lediglich vier Mäzeninnen auf, und zwar auf der Marmortafel (links) unter folgenden Bezeichnungen: „Frau Erdwin Amsinck“ (immerhin an allererster Stelle genannt), „Frau Generalkonsul Eduard Bohlen“, „Frau Carl Laeisz“ und „Frau Hermann Sauber“.[7] Die vier Mäzeninnen erscheinen nicht als eigene, mit ihren eigenen Namen ausgestattete Persönlichkeiten, sondern vermännlicht gleichsam als Schatten ihrer jeweils verstorbenen Ehemänner. Das Sample der Universitätsförderer und -gründer kam als reine Männerveranstaltung zustande.

Durch ein fünftes Kriterium gewinnt die Personengruppe der Mäzene ein zusätzliches und damit erst eigentlich charakteristisches Profil: Alle Beteiligten haben es in ihren Berufen zu Erfolg und damit zu Wohlstand oder Reichtum gebracht. Sie verfügten über finanzielle Ressourcen, die es ihnen erlaubten, sich durch umfangreiche Spenden für das öffentliche Wohl, im Besonderen für die akademische Forschung, Lehre und Bildung einzusetzen.[8] Wie lassen sich die Berufe dieser Erfolgreichen zusammenfassend kennzeichnen? Nahezu alle waren sie Kaufleute, zugleich oder außerdem Unternehmer im weitesten Sinne, etwa als Industrielle, Reeder, Bankiers oder Werftbesitzer. Ein großer Teil dieser Kaufleute war überdies in direkten Geschäften außerhalb Deutschlands, vor allem auch außerhalb Europas, insbesondere in Nord- und Südamerika aktiv. Damit erweist sich Georg Hermann Stoltz einmal mehr als eine typische Persönlichkeit im Sample der Universitätsförderer: Die vielfältigen engen Verbindungen, die er nach Brasilien knüpfte, machen ihn zu einer herausragenden Figur in der Herstellung und Festigung der deutsch-brasilianischen Beziehungen.

Es braucht nicht betont zu werden, welche eminente Bedeutung dem Riesenland Brasilien im Ensemble der Weltmächte zukommt. In jüngster Zeit zählte beispielsweise der Politikwissenschaftler Werner Weidenfeld, Direktor des Centrums für angewandte Politikforschung der Universität München, Brasilien zu den beherrschenden Großmächten in einer multipolaren Welt, neben den USA, China, Indien, Russland und der Europäischen Union.[9] Unter den Nachfahren von Georg Hermann Stoltz ist man sich der Eigenbedeutung Brasiliens und damit der Verdienste ihres Ahnherrn, der seit 1865 „ein führendes deutsch-brasilianisches Handelshaus aufgebaut hat",[10] wohl bewusst. Ohne auf die Vita dieses Ahnherrn näher einzugehen, zeichnet der Ehemann einer Urenkelin von G. H. Stoltz, Wilko H. Börner, im Überblick eine Geschichte Brasiliens nach, vom Beginn der Kolonialzeit 1500 bis in die Gegenwart hinein. „Brasilien", so erklärt Börner im Juli 2014 einleitend, „erstreckt sich von Nord nach Süd über etwa 40 Breitengrade. Ihm gehört also eine riesige Landmasse von fast der Hälfte des südamerikanischen Kontinents. Die Bevölkerung umfasst etwa 180 Mio Menschen, ungefähr drei Viertel im Vergleich mit den USA und mehr als ein Drittel im Vergleich mit der EG."[11] Aus heutiger Sicht muss G. H. Stoltz als ein Pionier angesehen werden, der – lange bevor der Begriff der Globalisierung zu einer Leitvokabel wurde – diesen konkret in die Tat umgesetzt und als Praxis gelebt hat.

1 *Zur Biografie Werner von Melles siehe grundlegend Richter, Stadt – Mann – Universität.*
2 *Gerhardt, Begründer.*
3 *„Sample", im Deutschen „Stichprobe". Vgl. Wirtz, Dorsch, S. 1627: „(...) eine für Forschungszwecke gebildete Auswahl von Fällen aus der Gesamtheit von Fällen, über die im Rahmen einer empirischen Studie Aussagen getroffen werden sollen (...)." In der älteren Forschungsliteratur ist aufschlussreich: Lehmann, Erzählstruktur, S. 41 ff.; Schröder, Jahre, S. 106 ff.; ders., Technik, S. 11 ff.*
4 *Gerhardt, Begründer, S. 25. Wichtig dazu ebd. S. 27, Anm. 4.*
5 *Hauptbuch der Hamburgischen Wissenschaftlichen Stiftung 1906/1914, S. 9 f. (Archiv HWS); Lübbren, 45 Jahre, S. 4.*
6 *Von drei Mäzenen war das Geburtsjahr nicht zu ermitteln; siehe Gerhardt, Begründer, S. 36, 57, 66. Laut mündlicher Mitteilung Gerhardts wurden die Lebensdaten in zwei bisher ausstehenden Fällen inzwischen festgestellt. Das bedeutet, hinsichtlich der Generationenfestlegung kann von einem Sample von zweiundfünfzig Personen ausgegangen werden.*
7 *Ders., Begründer, S. 28, 34, 49, 62.*
8 *Vgl. den am Hauptgebäude der Universität über dem Hauptportal in Stein gemeißelten Leitspruch „DER FORSCHUNG, DER LEHRE, DER BILDUNG". Näheres dazu bei Krause, Forschung.*
9 *Weidenfeld, Europa.*
10 *Börner, Brasilien, S. 1.*
11 *Ebd. Im Dezember 2017 lebten Wikipedia zufolge bereits mehr als 208 Millionen Menschen in Brasilien. Zur Geschichte Brasiliens siehe vor allem König, Geschichte Brasiliens, ferner Rinke; Schulze, Kleine Geschichte.*

[2]

Quellenlage

Wiederholt ist darauf hingewiesen worden, dass es so etwas wie eine vollständige oder lückenlose Biografie nicht gibt.[12] Bezogen auf das Leben von Georg Hermann Stoltz bestätigt sich diese Einsicht auf besonders spürbare Weise, da die Zeugnisse, die über seine Persönlichkeit und seine Tätigkeiten Auskunft geben, nur spärlich erhalten sind. Es ist überliefert, dass es von Stoltz ein Tagebuch gab.[13] Während der Großluftangriffe auf Hamburg Ende Juli, Anfang August 1943[14] war es in den Büroräumen seiner Firma, die am Glockengießerwall ihren Sitz hatte, in einem Safe scheinbar sicher untergebracht worden, aber das Haus wurde von Bomben schwer getroffen, und der Safe muss verbrannt sein. Das Tagebuch – von dem niemand weiß, was es enthielt – existiert nicht mehr.

Im Jahr 1934 erschien zum fünfzigjährigen Bestehen der Firma Hermann Stoltz & Co. eine Festschrift, wie sich einem am 29. Juni 1934 an den Oberbürgermeister von Lüneburg gerichteten Brief unmittelbar entnehmen lässt. Darin erwähnt G. H. Stoltz eine „im Kontor entstandene Festschrift, die ich mir zu übersenden erlaube".[15] Diese Schrift, die über die Geschichte und die Aktivitäten der Hamburger Firma – im Unterschied zu den Firmen in Brasilien – zweifellos nähere Auskünfte enthält, ist nach intensiven Recherchen (bisher) nirgends aufzufinden. Im Stadtarchiv Lüneburg und auch in verschiedenen anderen Archiven ist sie nicht vorhanden.

Immerhin gibt es eine von der Ehefrau Tibeta des Stoltz-Enkels Hans-Ulrich verfasste Darstellung mit dem Titel „Georg Hermann Stoltz. Reise nach Brasilien", die im Überblick Aufschlüsse zum Leben des Firmengründers und vor allem Näheres zur Geschäftstätigkeit in Brasilien liefert.[16] Die 1997 abgeschlossene, 48 Seiten umfassende Beschreibung enthält allerdings auch vieles, was die Zeit nach dem Tod von G. H. Stoltz im Jahr 1939 betrifft, weshalb der Aussagewert zur Biografie des Letzteren begrenzt bleibt. Gleichwohl kann der Beitrag von Tibeta Stoltz, geb. Ubbelohde (1924–2016), als einzige Quelle angesehen werden, die in etwas größerer Ausführlichkeit und im Zusammenhang das Leben von Georg Hermann Stoltz darstellt.

Wertvolle Ergänzungen, aus denen im Folgenden neben den Ausführungen von Tibeta Stoltz wiederholt zitiert wird, liefern die „Erzählungen" von Gerda Schuldt, geb. Stoltz (1909–2004), einer Enkeltochter von G. H. Stoltz. Ihre Erzählungen wurden im August und September 2002 von Adrian Börner (Jahrgang 1973), einem Enkel Gerdas, als Audio-Video-Aufnahme festgehalten.[17]

DANEBEN finden sich einzelne Kurzbeschreibungen etwa von Gerhard Glombik in der Schrift „Prominente Ehemalige Johanniter“[18] oder von Claudio H. Stoltz und Peter C. Jacubowsky im 15. Band (1999) des Hamburgischen Geschlechterbuchs,[19] doch ansonsten muss man auf vielerlei verstreute, stückwerkhaft bleibende Informationen zurückgreifen. Die Puzzlestücke sind insgesamt allerdings so aufschlussreich, dass sie als Ganzes ein hinreichend deutlich konturiertes Bild vom Leben des Kaufmanns und Familiengründers Georg Hermann Stoltz zu zeichnen erlauben.

ZU den Büchern, die besondere Beachtung verdienen, gehört einmal die im Jahr 1921 erschienene Veröffentlichung „Deutsche und Deutscher Handel in Rio de Janeiro“ von Heinrich Hinden. Aus zahlreichen verstreuten Hinweisen sind diesem Werk insgesamt so viele Erklärungen zu entnehmen, dass es naheliegt, darauf in einem eigenen Kapitel einzugehen. Zum anderen hat sich im Privatarchiv von Claudio Stoltz eine schwergewichtige Sammlung aller Glückwünsche erhalten, die Georg Hermann Stoltz zu seinem neunzigsten Geburtstag entgegennahm. Diesem „Gedenkbuch zum 11. November 1935“ wird ebenfalls ein eigenes Kapitel gewidmet.

DER Blick soll bei alldem nicht zu eng gefasst werden. Wenn über Stoltz selbst oftmals nichts zu erfahren ist, so ist doch über seine Ehefrau Fanny und den Schwiegervater Valentin aus der Familie der Lorenz-Meyer mancherlei bekannt, was rückwirkend auch das Leben von G. H. Stoltz betrifft. Der Radius um ihn herum wird also weit gespannt, womit Aufschlüsse über das Netzwerk verschiedener Hamburger Familien in der Zeit etwa zwischen 1860 und 1940 gewonnen werden.

DIESES Netzwerk, das sei hier angemerkt, schaffte Verbindungen nicht nur in familiärer, sondern auch in geschäftlich-beruflicher Hinsicht, auf eine für Hamburg durchaus spezifische, typische Weise. Für die Zeit zwischen 1860 und 1940 oder auch zwischen 1845 und 1939 sowie oftmals für manche Jahre davor und danach war es in der Großstadt Hamburg üblich, dass im Großbürgertum auf „standesgemaße“ Heirat geachtet wurde. Damit sollte zugleich für Verlässlichkeit im Berufs- und Geschäftsleben gesorgt werden, indem man Verwandte zu Vertrauten und Mitarbeitern machte.[20] Sogenannte Standesgemäßheit mag in anderen Regionen vor allem für den Adel verpflichtend gewesen sein – in Hamburg fand diese Verpflichtung eine besondere Ausprägung, da man sich auf die Bürgerlichkeit viel zugute hielt. Im Übrigen war das gehobene Bürgertum, so sehr es aus seiner Bürgerlichkeit ein stolzes Selbstbewusstsein ableitete, überall durch Heirat – das zeigen die Hamburgischen Geschlechterbücher – mit dem Adel verbunden.[21]

WENN im Folgenden immer wieder und zur Hauptsache auf schriftliche Quellen zurückgegriffen wird, wie sie etwa im Staatsarchiv Hamburg, im Archiv der Handelskammer Hamburg oder im Stadtarchiv Lüneburg aufbewahrt werden, so gewinnen daneben auch Gespräche, Interviews und Hinweise große Bedeutung, die mit Nachfahren geführt bzw. von ihnen geliefert wurden. Im Besonderen danke ich Hilke, Wilko

H. und Adrian Börner, Peter C. Jacubowsky, Dominik Stoltz, vor allem Claudio H. Stoltz für ihre bereitwilligen Auskünfte und ihre engagierte Unterstützung. Zusätzliche wertvolle Informationen habe ich von Dr. Anke Mührenberg, Sylk Schneider und Lara Wojahn erhalten.

12 *Vgl. etwa Schröder, Ertel, S. 11 f.*

13 *Tibeta Stoltz (Reise, S. 24) spricht von einem „geheime[n] Notizbuch". Dieses „Büchlein" hielt G. H. Stoltz „so geheim, daß auch sein eigener Sohn es niemals gesehen hat."*

14 *Vgl. dazu z. B. Schröder, Jahre, S. 729 ff.*

15 *G. Hermann Stoltz an den Oberbürgermeister von Lüneburg: Stadtarchiv Lüneburg, Signatur SA 1067. In einer Tischrede aus Anlass des 90. Geburtstags von Georg Hermann Stoltz am 11. November 1935 spricht der Neffe Erich Stoltz von einer „letzthin" – d. h. 1934 – entstandenen „Festzeitung der Firma anlässlich des 50jährigen Jubiläums des Hamburger Hauses" (Privatarchiv Claudio Stoltz).*

16 *Stoltz, Reise. Das Dokument verfügt nicht über einen Haupttitel, d. h. der erste Untertitel wird hier als Haupttitel angesehen.*

17 *Schuldt, Aus dem Leben.*

18 *Glombik, Johanniter, S. 19–21.*

19 *Deutsches Geschlechterbuch 209, S. 280 ff.*

20 *Vgl. Loyer, Lévi-Strauss, S. 43: „Die Familienendogamie ist auch eine wirtschaftliche."*

21 *Zum Verhältnis von Bürgertum und Adel in Hamburg vgl. auch Wegner, Hanseaten, S. 79 f., 195.*

[3]

Herkunft

Über die Vorfahren von Georg Hermann Stoltz gewinnt man die detailliertesten Aufschlüsse im fünfzehnten, 1999 erschienenen Band des Hamburgischen Geschlechterbuchs.[22] Aus den Erklärungen, die Claudio H. Stoltz und Peter C. Jacubowsky in der Einführung zur Genealogie der Familie liefern, geht hervor, dass über die vier Generationen, welche der Generation von G. H. Stoltz vorangingen, nur wenig gesagt werden kann. Im Einzelnen wird dazu erklärt: Georg Hermanns Vater mit dem Vornamen August Hermann „war Amtsassessor und entstammte einer Lüneburger Patrizierfamilie. Zu deren Herkunft in Lüneburg heißt es in einer in der Familie überlieferten Niederschrift aus der ersten Hälfte des 19. Jahrhunderts: ‚Schwer, ja fast unmöglich wird es sein, die verschiedenen Verzweigungen der Familie Stoltz bis auf den Vater des lebenden Hieronymus Christian Stoltz, geboren den 10. Oktober 1763, und Christiane Elisabeth Stoltz, geb. Prell, geboren den 10. August 1771, zu verfolgen. Die Schwierigkeit entsteht auch im Kirchenregister selbst, das Auskunft geben sollte. Jeder Einwohner Lüneburgs nämlich, da Lüneburg keine abgeteilten Parochien [Pfarrbezirke, HJS] hat, wählt sich nach Wohlgefallen seinen Beichtvater unter den Geistlichen an den verschiedenen Kirchen. Da der Beichtvater die Taufhandlung vollzieht, so werden die Geburten bald in das eine oder das andere Kirchenbuch eingetragen. Dadurch entsteht nach einigen Generationen in damaliger Zeit eine solche Verwirrung, daß man selbst mit den sorgfältigsten Nachforschungen mit Stammlisten selten ins Reine zu kommen vermag. Am schwierigsten ist die Nachforschung, wenn sich in der Gemeinde mehrere Familien gleichen Namens befinden.'“

Im Hamburgischen Geschlechterbuch setzt die Stammfolge der Familie Stoltz mit einem 1704 geborenen Johann Hinrich Stoltze ein, Todesdatum unbekannt. Im Jahr 1729 wurde er Bürger von Lüneburg, und im selben Jahr heiratete er die 1711 geborene Dorothea Ackermann (Todesdatum wiederum unbekannt). Sein Sohn war ein Hieronymus Christian Stoltz, geboren 1737, „Pächter des hochadeligen Gutes Brockwinckel“, 1776 gestorben in Lüneburg; verheiratet mit Maria Christiana Bollmeyer, die von 1725 oder 1726 bis 1795 lebte. Der Sohn dieser beiden – von weiteren Kindern ist (bisher) nichts bekannt – war der bereits erwähnte, 1763 in Schnellenberg bei Lüneburg geborene Hieronymus Christian Stoltz, verheiratet mit Christine Elisabeth Prell (1771–1844), Amtsassessor zu Bodenteich, Kreis Uelzen. Damit ist man bei den Großeltern väterlicherseits von Georg Hermann Stoltz angelangt.

August Hermann Stoltz (1808–1846)

Der Sohn dieser Großeltern war der ebenfalls schon erwähnte Amtsassessor – die Enkelin Gerda Schuldt spricht von einem „Amtsrichter"[23] – August Hermann Stoltz, Georg Hermanns Vater. Er kam am 12. September 1808 in Lüneburg zur Welt und starb am 1. März 1846 in Melle, Wiehengebirge[24] – gut anderthalb Jahre nach der Geburt seines jüngsten Sohnes Georg Hermann, der am 11. November 1845 in Melle geboren wurde. Wie Gerda erzählt, soll Georg Hermann von seinem Vater getauft worden sein, da kein Pastor in der Nähe war.

Amtsassessoren galten als Arbeitshilfe für einen Amtmann, der seinerseits innerhalb seines Amtsbezirks weitreichende Befugnisse hatte. Was auch immer die Aufgaben des Amtsassessors August Hermann Stoltz im Einzelnen gewesen sein mögen – zweifellos ist es wichtig, sich klarzumachen, dass der Sohn Georg Hermann ohne Vater, jedenfalls ohne leiblichen Vater aufgewachsen ist. Was das des Näheren für seine Kindheit und spätere Entwicklung bedeutete, bleibt allerdings im Dunkeln.

August Hermann Stoltz heiratete am 11. Juni 1839 in Lüneburg Catharina Elisabeth Lauenstein, geboren ebenda am 11. Dezember 1818 und gestorben wiederum ebenda am 14. März 1867. Sie war die Tochter des wohlhabenden Kaufmanns Johann Conrad Lauenstein (1786–1829) in Lüneburg, der dort am 8. September 1814 Charlotte Elisabeth Gerstenkorn (1785–1853) geheiratet hatte.[25]

Catharina Elisabeth Stoltz, geb. Lauenstein (1818–1867)

DIE Stammfolge der Vorfahren auf der väterlichen Seite von Georg Hermann Stoltz ist damit, soweit überliefert, weitgehend lückenlos rekapituliert. Nachzutragen bleibt der Hinweis in der Einleitung zur Genealogie, wonach es in der Niederschrift, aus der oben zitiert wurde, „eine nicht belegte Darstellung einer möglichen Abstammung von der schlesischen Familie v. Stoltz" gibt. Hilke und Wilko Börner erklären dazu bestätigend in einem am 11. Februar 2016 geführten Gespräch, dass ein Vorfahr bereits im 18. Jahrhundert das Bürgerrecht in Lüneburg erwarb. Für das 19. Jahrhundert sei es in etablierten bürgerlichen Familien „schick" gewesen, nach adligen Vorfahren zu suchen, und so sei man auf eine schlesische Adelsfamilie von Stoltz gestoßen, die es angeblich in den Wirren des Dreißigjährigen Krieges nach Westen verschlagen habe. Ein einziger Knabe sei von ihr übriggeblieben, in Lüneburg sei er nach der langen Flucht vor Erschöpfung gestorben, ohne dass er noch nähere Auskünfte geben konnte. Eine wunderbare Legende.

WÄHREND sich die Stammfolge auf der väterlichen Seite bei Georg Hermann über vier Generationen zurückverfolgen lässt, kann über die Vorfahren der Mutter Catharina Elisabeth, geb. Lauenstein, nichts Näheres gesagt werden, von den oben erwähnten Eltern, dem Kaufmann Conrad und seiner Frau Charlotte Elisabeth, abgesehen. Alle Großeltern Georg Hermanns sind immerhin namentlich und mit ihren Lebensdaten bekannt.

Erst mit den Kindern des Amtsassessors August Herrmann entwickelte sich eine weitgefächerte Stammfolge mit zahlreichen Nachkommen. Dem jüngsten Sohn Georg Hermann gingen drei Geschwister voraus, die alle, beginnend mit der ältesten Tochter Minna, dann folgend mit den Brüdern August und Rudolf, für den Lebensweg des Jüngsten Bedeutung gewannen. Allerdings ist über das Leben der drei Geschwister nur wenig bekannt. Zu den beiden Ältesten wird im Folgekapitel Näheres gesagt. Von dem Dritten, mit vollständigem Namen Johann Ulrich Rudolf, geboren am 5. Mai 1843 in Bodenteich und gestorben in Hannover am 14. Juli 1891, ist bekannt, dass er in Hannover Landgerichtsrat war. Unter den vier Geschwistern sowie auch unter den Verwandten muss es einen engen Zusammenhalt gegeben haben. Auch wenn dazu nur wenige sprechende Zeugnisse erhalten sind, unterliegt es keinem Zweifel, dass die Bindungen innerhalb der Familie stark und ausgeprägt waren.

Wappen der Familie Stoltz

22 *Deutsches Geschlechterbuch 209, S. 280 ff.*

23 *Schuldt, Aus dem Leben.*

24 *August Hermann Stoltz „starb früh, man sagte, am Typhus" (ebd.).*

25 *Deutsches Geschlechterbuch 209, S. 289.*

[4]

Schulzeit

Über die ersten anderthalb Lebensjahrzehnte, also über die Kindheit von Georg Hermann Stoltz konnte so gut wie nichts in Erfahrung gebracht werden. Obwohl der Vater früh gestorben war, kann wahrscheinlich davon ausgegangen werden, dass diese Kindheit auf eine für eine Patrizierfamilie halbwegs typische Weise behütet und unbeschwert gewesen ist. Die vier Kinder Minna, August, Rudolf und Hermann kamen zwischen 1840 und 1845, also in enger Folge zur Welt, sie sind fast jahrgangsgleich aufgewachsen, wobei zwischen der Ältesten und dem Jüngsten ein Abstand von gut fünfeinhalb Jahren bestand. Vermutlich wird Minna – genaues Geburtsdatum: 14. März 1840 – in der Geschwisterschar eine Führungsrolle übernommen haben. Sie blieb unverheiratet, wurde Diakonisse, seit dem 1. Oktober 1875 am Henriettenstift zu Hannover. Vom 27. Februar 1889 bis Juni 1892 war sie beurlaubt, „um Haus und Kinder des Bruders (C. August Stoltz) nach dem Tode seiner Frau zu versorgen".[26] Gestorben ist Minna in Hannover am 12. Oktober 1927.

August – genauer: Conrad August –, geboren am 10. Januar 1842 in Bodenteich, hatte am 30. Dezember 1873 in Hamburg Elena (Helena) Amalie Wilhelmine Magnussen geheiratet, die am 22. März 1854 in Rom als Tochter des Historienmalers Christian Carl Magnussen (1821–1896) zur Welt gekommen war.[27] Wichtig ist es festzuhalten, dass C. Carl im Jahr 1853 in Hamm bei Hamburg Anna Meta Mathilde Meyer (1829–1865) aus der später so benannten Familie Lorenz-Meyer geheiratet hatte. Meta, das gilt es zu beachten, war eine Schwester von Valentin Lorenz Mayer; über den, wie schon angedeutet, noch manches zu sagen sein wird. Durch August Stoltz, den ältesten Bruder, kam also eine Verbindung zu einer Familie zustande, die entscheidende Bedeutung für Hermann gewinnen sollte.

Der Chronologie vorgreifend sei schon an dieser Stelle angemerkt, dass August dem Geschlechterbuch zufolge „Kaufmann zu Rio und Hamburg, Mitinhaber der Firma ‚Stoltz, Roth & Co', ab April 1885 ‚Roth, Schanz & Co., Rio de Janeiro'" war. Im Jahre 1869 war er nach Brasilien gekommen.[28]

Nach Auskünften von Hilke Börner wurden die Kinder des Amtsassessors August Hermann zunächst von Hauslehrern erzogen. Im Blick auf die beiden jüngsten Geschwister Rudolf und Hermann finden sich sodann im Stadtarchiv Lüneburg Quellen, die Auskunft über ihre Schulzeit geben. Beide besuchten das Lüneburger Johanneum, eine altehrwürdige Bildungsanstalt, die im Jahre 2006 ihr 600-jähriges Jubiläum

C. August Stoltz (1842–1907)

Elena A. W. Stoltz, geb. Magnussen (1854–1889)

feierte.[29] Um 1800 hatte das Johanneum „fünf Klassen mit 70 Schülern und sechs Lehrern bei 10 000 Einwohnern Lüneburgs." Im Jahr 1834 wurden am Johanneum „zwei ‚Realklassen' mit 53 Schülern eröffnet", womit der Wunsch des Direktors, des Theologen Karl Haage, in Erfüllung ging, „dass ‚Realismus und Humanismus sich brüderlich die einigen Hände reichten' (...). Unterstützt wurde der Direktor in diesem Bestreben durch reformbereite Lehrkräfte. Lehrgegenstände sollten Religion, deutsche, französische und englische Sprache, Mathematik, praktisches Rechnen, Naturgeschichte, Naturlehre, Geographie, Geschichte, Schreiben, Handzeichnen und Gesang sein. 1868 hatte sich dieser Realschulzweig zu einem Realgymnasium entwickelt und man nahm 1870 sechs Prüflingen die Reifeprüfung ab."[30]

Mit dieser kursorischen Beschreibung der Bildungsziele des Lüneburger Johanneums in den Jahren zwischen 1800 und 1870 gewinnt man eine ungefähre Vorstellung davon, welche Lerninhalte für Georg Hermann Stoltz, der die Schule von 1852 bis 1863 besuchte,[31] wichtig und in mancher Hinsicht lebensbestimmend geworden sind. Haages Leitgedanke einer Verbindung von Realismus und Humanismus, also einer Verknüpfung von Praxisnähe und „klassisch"-humanistischer Bildung dürfte für den späteren, weltoffenen Kaufmann Stoltz eine zuverlässige, ihn in seinem Fortkommen stützende Grundlage gewesen sein. Soweit das Johanneum auf das „Reale" ausgerichtet war, ging es nicht allein um eine abgehobene, etwa vorrangig auf alte Sprachen gestützte Ausbildung, sondern zusätzlich um einen Lernstoff, den man im späteren Leben sinnvoll gebrauchen konnte. Wie sich noch zeigen wird, müssen die Jahre auf dem Johanneum für G. Hermann Stoltz eine derart einschneidende, lebenslang nachwirkende Bedeutung gehabt haben, dass er später als vermögender Mann der Schule gegenüber eine besondere, großzügige Dankbarkeit zeigte.

ZUNÄCHST einmal wäre jedoch zu fragen, unter welchen Umständen Hermann von dem Ort Melle aus, wo sein Vater kurz vor seinem frühen Tod als Amtsassessor arbeitete und wo der jüngste Sohn zur Welt kam, nach Lüneburg gelangt ist. Sowohl Melle, zwischen Osnabrück und Bielefeld gelegen, als auch Lüneburg südlich von Hamburg gehörten um 1845 zum Königreich Hannover, aber beide Städte sind grob gerechnet 200 Kilometer voneinander entfernt. In den ersten Jahren nach August Hermanns Tod muss die Familie von Melle nach Lüneburg, sozusagen dem Stammsitz der Familie, zurückgekehrt sein.[32]

EINEM „Vol. IV Johanneum zu Lüneburg / Album der Gymnasialclassen. Ostern 1850. Nr. 2152 – 3082. Nr. 5“[33] sind folgende Angaben zu entnehmen: Im Sommersemester 1850 wurde unter der Nummer 2168 der Schüler Johann Ulrich Rudolf Stoltz registriert, geboren am 5. Mai 1843 in Bodenteich, Sohn des Amtsassessors in Melle. Rudolf besuchte die Gymnasialklassen VII bis I von 1850 bis zunächst 1861, er durchlief also die Klassen Septima, Sexta, Quinta, Quarta, Tertia, Secunda und Prima. Mit der Vorprüfung vom 1. Juli 1858 erwies er sich als „befähigt, mit Klausel“. Am 13. und 14. März 1863 bestand er die Maturitätsprüfung. Ostern 1863 verließ er das Johanneum mit der Absicht, in Göttingen das Jurastudium aufzunehmen.

ENTSPRECHENDES findet sich im Album 5 zum Sommersemester 1852 unter der Nummer 2314 für Georg Hermann Stoltz, geboren am 11. November 1845 in Melle, wo „weil[and]“ der Vater Amtsassessor war. Hermann besuchte die Classen VII–I, wobei die Jahre O.[18]52, O.54, O.55, O.57, ...[?]59, O.61 und O.63 angegeben sind; „O“ bedeutet „Ostern“. Die Vorprüfung bestand Hermann am 16. Januar 1861, womit er sich als für die Maturitätsprüfung „Befähigt“ erwies. Der Schulabgang erfolgte „Ost[ern]. 63“, mit dem Berufsziel „Kaufmann“. Georg Hermann Stoltz verließ die Schule vorzeitig, er legte nicht die Maturitätsprüfung ab. – Das Johanneum war damals ein reines Knabengymnasium. Aufschlussreich ist die Angabe zur Gesamtzahl der Schüler: Im Sommer 1852 gab es insgesamt 369 Schüler, davon 278 im Gymnasium und 91 in den Realschulklassen. Was bedeutete konkret die Aufteilung in Gymnasium und Realschule? Die Frage muss offen bleiben. 1852 gingen jedenfalls in die Septima 63 Schüler.

ALS besonders wertvolles Dokument hat sich im Lüneburger Stadtarchiv eine originale Ausfertigung des Abgangszeugnisses von Georg Hermann Stoltz erhalten,[34] ein Dokument mit dem Vermerk „Abgangszeugnis zu den acten!“ Da die nebenstehende Abbildung dieses Dokuments gut zu lesen ist, brauchen nur einige Einzelheiten daraus zitiert zu werden. Teilweise wird bereits Gesagtes noch einmal bestätigt: Georg Hermann Stoltz, „von Confession Lutherisch, besuchte das Gymnasium Johanneum seit Ostern 1852, und zwar die Classis Se-

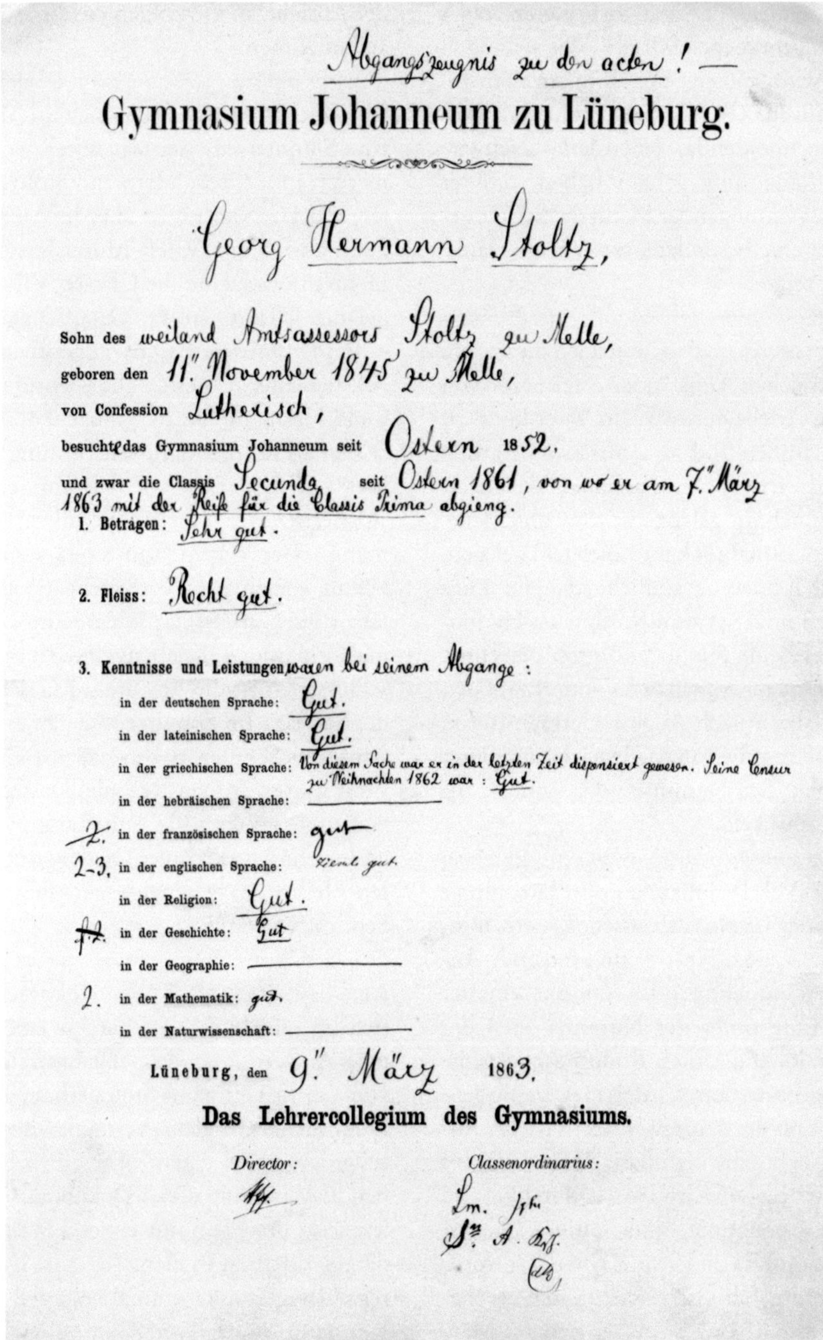

Abgangszeugnis zu den acten! —

Gymnasium Johanneum zu Lüneburg.

Georg Hermann Stoltz,

Sohn des weiland Amtsassessors Stoltz zu Melle,
geboren den 11." November 1845 zu Melle,
von Confession Lutherisch,
besuchte das Gymnasium Johanneum seit Ostern 1852,
und zwar die Classis Secunda seit Ostern 1861, von wo er am 7." März 1863 mit der Reife für die Classis Prima abgieng.

1. Betragen: Sehr gut.

2. Fleiss: Recht gut.

3. Kenntnisse und Leistungen waren bei seinem Abgange:

in der deutschen Sprache: Gut.
in der lateinischen Sprache: Gut.
in der griechischen Sprache: Von diesem Fache war er in der letzten Zeit dispensiert gewesen. Seine Censur zu Weihnachten 1862 war: Gut.
in der hebräischen Sprache: ——
2. in der französischen Sprache: gut
2-3. in der englischen Sprache: Ziemlich gut.
in der Religion: Gut.
in der Geschichte: Gut
in der Geographie: ——
2. in der Mathematik: gut.
in der Naturwissenschaft: ——

Lüneburg, den 9." März 1863.

Das Lehrercollegium des Gymnasiums.

Director: [illegible] *Classenordinarius:* [illegible]

Abgangszeugnis von G. Hermann Stoltz (1863)

cunda seit Ostern 1861, von wo er am 7. März 1863 mit der Reife für die Classis Prima abgieng." Es erweist sich, dass er ein guter Schüler war, in allen benoteten Fächern erhielt er, vom Englischen abgesehen, ein glattes „Gut"; das Betragen wird als „Sehr gut" und der Fleiß als „Recht gut" bewertet. Das „zieml. gut" im Englischen sowie die Erklärung zum Griechischen weisen darauf hin, dass man es mit der Benotung genau nahm, die guten Noten also nicht aus Gefälligkeit vergeben wurden. Zum Griechischen heißt es: „Von diesem Fache war er in der letzten Zeit dispensiert gewesen. Seine Censur zu Weihnachten 1862 war: Gut." Außerdem wird deutlich, dass Stoltz vor allem in den traditionell humanistischen Fächern Latein und Griechisch Unterricht erhalten hat; eine Benotung in den „Realfächern" Geographie und Naturwissenschaft fehlt. Das Datum der Ausstellung des Abschlusszeugnisses, damit auch des Schulabgangs, ist mit dem 9. März 1863 auf den Tag genau bezeichnet.

26 *Ebd., S. 289 f.*

27 *C. Carl Magnussen bezeichnete sich selbst als Historienmaler, auch wenn er vor allem Porträtmaler war. Anna Meta Mathilde Meyer war die Tochter des Hamburger Senators Georg Christian Lorenz Meyer (1787–1866). Dazu ausführlich Schlee, Magnussen, besonders S. 24, 29; ferner Gerhardt, Lorenz-Meyer, S. 7; Deutsches Geschlechterbuch 171, S. 209, 211.*

28 *Deutsches Geschlechterbuch 209, S. 281, 290. Dazu Hinden, Deutsche, S. 311.*

29 *Dazu Festschrift 600 Jahre Johanneum Lüneburg.*

30 *Willamowski, 600 Jahre, S. 43 f. Ähnliche Reformbestrebungen wie diejenigen Karl Haages hat es zur gleichen Zeit auch andernorts, etwa im Landesteil Schleswig gegeben. Vgl. Kähler-Timm, Storm, S. 19 f.*

31 *So die Angabe ebd., S. 44. Glombik, Johanniter, S. 19, verweist darauf, dass G. H. Stoltz zunächst eine „Vorschule" des Johanneums besuchte.*

32 *Bei Tibeta Stoltz (Reise, S. 1) heißt es lapidar, nach dem Tod des Vaters sei die Witwe „mit ihren drei Söhnen und einer Tochter nach Lüneburg" gezogen.*

33 *Stadtarchiv Lüneburg, Mappe JOH 158, Johanneum Album 5.*

34 *Ebd., Signatur JOH 137. Für die Bereitstellung der Archivalien sowie für Auskünfte und Recherchen danke ich Lara Wojahn.*

[5]

Sprung nach Brasilien

Welche Gründe ausschlaggebend dafür waren, dass G. Hermann Stoltz das Johanneum in Lüneburg vorzeitig, also ohne Abitur verließ, kann nur vermutet werden. Das Ziel, den Beruf des Kaufmanns zu ergreifen, muss er Ostern 1863 bereits, als er noch keine achtzehn Jahre alt war, fest ins Auge gefasst haben. Schon früh war ihm bewusst, dass er Kaufmann werden wollte.[35] Vielleicht drängte es ihn, dieses Ziel entschlossen, ohne Verzug anzusteuern, vielleicht war ihm klar, dass er nicht studieren wollte und deshalb den Abschluss des Abiturs nicht brauchte. Zielstrebigkeit, wie sie ihm von Nachfahren attestiert wird, muss früh eine ausgeprägte Eigenschaft von ihm gewesen sein. Unwillkürlich denkt man an die Leitvorstellung, die im 19. Jahrhundert für nicht wenige Hamburger Kaufmannsfamilien typisch war: Wer Kaufmann werden wollte oder werden will, braucht nicht zu studieren – eine Einstellung, die in Hamburg die Gründung der Universität über lange Jahre erschwerte.[36]

An dieser Stelle ist es notwendig, auf eine Darstellung etwas ausdrücklicher hinzuweisen, die – wie im Kapitel „Quellenlage" bereits erwähnt – Tibeta Stoltz geliefert hat, Ehefrau eines Enkelsohns von G. Hermann Stoltz. Tibeta, geborene Ubbelohde, kam am 25. Dezember 1924 in Karlsruhe zur Welt und heiratete am 28. Oktober 1948 in Rio de Janeiro den Enkel Hans-Ulrich (Hannes) Hermann Stoltz, fünftes Kind von Rudolph Hans Stoltz, welcher seinerseits der einzige Sohn von G. Hermann Stoltz war (zwei weitere Söhne waren als Säugling gestorben).[37] Die Darstellung von Tibeta, die als PDF-Datei im Internet abrufbar ist, gilt als Firmengeschichte, ist aber zugleich bei aller Kürze die einlässlichste Lebensbeschreibung, die bisher von G. H. Stoltz existiert. Auf diese Beschreibung greifen andere Lebensübersichten zurück, und aus ihr muss auch hier immer wieder zitiert werden, da es sonst keine anderen Quellen gibt, die das Leben des Firmengründers Stoltz im Zusammenhang kennzeichnen.[38]

Bei Tibeta Stoltz heißt es nach der Feststellung, G. H. Stoltz „verließ die Schule mit Primareife", zur unmittelbar folgenden Lebensstation kurz und bündig: „Für die Lehre ging er nach Bremen zu der Import-Firma F. W. Helmers & Sohn. Zu jener Zeit war Lehrling zu sein ein hartes Brot. Eine Sechstagewoche war selbstverständlich, doch auch der Sonntag war nicht unbedingt frei. Seine Lehrzeit scheint besonders schwer gewesen zu sein, er hat sie nicht beendet."[39] Demnach – diesen Eindruck vermittelt der letzte Satz – könnte Stoltz seine Lehre in Bremen abgebrochen haben, weil sie ihm

Drückendes oder Übermäßiges abverlangte. Immerhin muss er aber mehr als drei Jahre lang – nicht nur zwei Jahre[40] – in Bremen Lehrling gewesen sein, so dass die Annahme, die Lehre sei ihm zu schwer geworden, nicht ganz überzeugt.[41]

VON Gerda Schuldt ist zu erfahren, dass Georg Hermann „durch einen sogenannten Seelenverkäufer, einen Stellenvermittler nach Bremen vermittelt wurde. Da war ein Importhaus für Südfrüchte, das importierte Apfelsinen. Bananen gab es zu der Zeit nicht; die verdarben, wenn sie so lange unterwegs waren. Mein Großvater fand das alles sehr interessant und lernte, dass man die Früchte, die schon etwas eingeschrumpelt waren, aufkochen konnte, so dass sie wieder jung wurden. Er sagte, er hätte gelernt, wie man Pflaumen und Feigen wieder jung machen konnte, indem man sie etwas aufkochte und dann in Gläser tat, mit Schraubdeckel verschloss und anschließend verkaufte. Er hatte ein gemietetes Zimmer in Bremen, das war so kalt, dass das Wasser in der Waschschüssel fror. Das war aber damals den jungen Leuten ganz egal."[42]

GERDAS Tochter Hilke Börner bringt, was das Verlassen Deutschlands nach der vorzeitigen Beendigung der Lehre in Bremen angeht, einen anderen Gesichtspunkt ins Spiel: Hermann wurde im November 1865 zwanzig Jahre alt und hätte früher oder später zum Militär einrücken müssen. In den Jahren 1864 und 1866 kam es erst zum Krieg Österreichs und Preußens gegen Dänemark (Stichwort Düppeler Schanzen), dann zum Krieg Preußens gegen Österreich (Stichwort Königgrätz). Offensichtlich verspürte Hermann wenig Neigung, Soldat zu werden.

EIN weiterer Grund kann Hermann veranlasst haben, die Lehre vorzeitig zu beenden und Europa zu verlassen: „Im 18. und 19. Jahrhundert gab es große Auswanderungswellen. Sie gingen hauptsächlich nach Nordamerika, aber auch nach Mittel- und Südamerika. Es lag wohl nahe, durch Auswanderung der Enge in der Familie und dem Fron der Lehre zu entgehen."[43] Ob Hermann einer „Enge in der Familie" entgehen wollte, ist ungewiss; in der Erklärung erscheint das Wort „wohl". Wo Quellenzeugnisse fehlen, ist es naheliegend und womöglich unvermeidlich, sich mit Mutmaßungen oder Spekulationen zu behelfen. Wieweit Annahmen und Möglichkeiten zur Behauptung und dann zur Feststellung werden, ist schwer zu kontrollieren.

JEDENFALLS sind für Bremen, Hamburg oder Lübeck, also für norddeutsche Handelsstädte, ohne Mühe Beispiele dafür zu finden, dass angehende Kaufleute nach Übersee aufbrachen, um dort in Geschäften voranzukommen. Solche Beispiele gibt es auch im Umkreis der „Mäzene für Wissenschaft", etwa mit dem Vater Georg des Werftgründers Hermann Blohm, der in Lübeck lebte und sich 1825 nach der Karibikinsel St. Thomas aufmachte, außerdem nach Venezuela, wo er als Kaufmann ein Vermögen gewann. Georg Blohm nennt als Grund für seine Auswanderung – erst 1843 kehrte er nach Lübeck zurück – die Einsicht, dass die Handelsverhältnisse in Europa für eine Vermögensbildung ungünstig waren und die neue Welt bessere Aussichten bot.[44] Auch die Brüder Augustus Friedrich und Gustav Adolph Vorwerk oder der später zum Freiherrn erhobene Heinrich Ohlendorff gelangten zu Reichtum durch ihre Handelsverbindungen nach Chile und

Peru.[45] Kaufleute wie die ebengenannten wanderten freilich für begrenzte Zeiten unter anderen, weitaus günstigeren Voraussetzungen aus als die Masse der Auswanderer, die aus Not Europa für immer den Rücken kehrten.

Auf ihren Schwiegergroßvater bezogen erklärt Tibeta Stoltz: „Mit einem Empfehlungsschreiben von H. J. Wackermann[46] aus Bremen an Brandes, Kramer & Ferreira in Rio de Janeiro im Gepäck, schiffte sich Georg Hermann Stoltz, fast 21 jährig, als einziger Passagier auf dem 300 ton Bremer Segelschiff ‚Brasileira' ein. Am 3. September 1866 ging er in Rio de Janeiro an Land. Wann die Firma Brandes Kramer & Ferreira gegründet worden war, ist nicht mehr festzustellen. Es existiert eine Änderung des Gesellschaftsvertrages, vom 1. Mai 1863, in dem Grundstück und Gebäude als Firmeneigentum erwähnt werden, also muß es die Firma davor schon eine Zeit gegeben haben."

Der hier unmittelbar folgende Satz ist insofern bemerkenswert, als es von G. H. Stoltz einige wenige Briefe aus späteren Jahren gibt, die im Original erhalten sind und die als wertvolle Zeugnisse weiter unten vollständig zitiert werden. Tibeta schreibt: „G. H. Stoltz wurde wegen seiner besonders guten Schrift als Schreiber eingestellt. Es wurde ja noch alles mit der Hand an Stehpulten geschrieben."[47] Die Briefe, die von Hermann Stoltz erhalten sind, zeigen eine äußerst akkurate, aber zugleich sehr eigenwillige deutsche Schrift mit steilen Ober- und Unterlängen – eine Schrift, die auch von Kundigen, denen die deutsche Kurrentschrift wohlvertraut ist, oft nur mit Mühe entziffert werden kann. Allem Anschein nach ist mit dem Hinweis Tibetas auf eine besonders gute Schrift eine Legende erzeugt worden. Gerda Schuldt, eine Enkeltochter von Hermann Stoltz, berichtet Folgendes:

Grossvater Stoltz kam in Rio an, „und als erstes suchte er sich eine Stellung. Er stellte sich vor bei einer Firma und musste seine Schrift zeigen. Daraufhin sagten die: ‚Nein. Wir nehmen Sie nicht, Sie haben eine zu unleserliche Schrift.' Damals gab es keine Schreibmaschinen.[48] Man musste Schriften kopieren, und wenn die unleserlich waren, interessierte das keinen. Danach kam er zu einer anderen deutschen Firma, die hieß Brandes, Kramer & Ferreira. Die sagten, ‚Ja, Herr Stoltz, wir nehmen Sie.' Er hatte natürlich ein Empfehlungsschreiben von seiner Bremer Fruchtimportfirma Lackemann."[49]

Auch in der Erinnerung eines anderen Enkels wird erklärt: Stoltz „erzählte gern von den Anfängen seiner Karriere in Brasilien. Er war 1866 dorthin gekommen und in ein Geschäft eingetreten. Die erste Stellung, die ihm angeboten wurde, nämlich Kaffeepreislisten zu schreiben, hatte er wegen seiner schwer leserlichen Handschrift nicht bekommen, zu seinem Glück, wie er sagte."[50] Vom Problem der Schrift abgesehen muss auch der älteste Bruder von Hermann, der knapp vier Jahre ältere C. August, für die ersten Jahre Hermanns in Brasilien wichtig gewesen sein, vielleicht nicht so sehr in geschäftlicher, wohl aber, wie bereits angedeutet, in familiärer Hinsicht. August kam, wie erwähnt, 1869 nach Rio de Janeiro, wo er sich als Mitinhaber der Firma Stoltz, Roth & Co. etablierte, bevor Hermann zum eigenständigen Firmeninhaber wurde.[51] August, der, wie Heinrich Hinden schreibt, „keine Kampfnatur" wie sein Bruder Her-

G. Hermann Stoltz (1866)

mann war, verließ im April 1885 „Rio für immer." Aus der Firma Stoltz, Roth & Co. wurde damit die Firma Roth, Schanz & Co.[52]

IN einem längeren Abschnitt heißt es weiter: „Georg Hermann Stoltz konnte nicht nur gut schreiben, er verstand es auch mit Menschen umzugehen und, wie sich zeigte, er konnte auch verkaufen.

In erstaunlich kurzer Zeit lernte er die portugiesische Sprache. Als man im Mai 1867, in der damals noch recht kleinen deutschen Kolonie, von ihm Notiz nahm, hatte er schon den Ruf eines ‚menino de futuro', des kommenden Mannes.

Rio war damals und noch eine lange Zeit danach Handels- und Importzentrum für den größten Teil von Brasilien. Die meisten Waren kamen aus Europa. Sie kamen auf Konsignationsbasis, d. h. sie mußten erst nach dem Verkauf an den Kunden bezahlt werde[n], oder waren mit Wechseln über London finanziert, die je nach Laufzeiten nach Monaten, meist bis zu einem Jahr, beglichen werden mußten. Die Warengeschäfte mit Brasilien basierten seit eh und je auf europäischer Finanzierung. Daher waren die Wechselkurs-Verhältnisse von so großer Bedeutung für die Finanzen der Firma.

In Brasilien gab es praktisch noch keinerlei Industrie. So wurden Fertigwaren importiert: Eisenwaren aller Art, Streichhölzer, Getränke, Zigarren aus Bremen, Textilien und Strümpfe, aber auch Baumaterialien wie Eisen und Zement. Dazu kamen Gewürze: Zimt und Pfeffer aus dem Fernen Osten, Zigarettentabak aus China, Lebensmittel und Klippfisch aus verschiedenen Ländern. Selbst Reis aus Rangoon wurde schiffsladungsweise über Europa nach Brasilien gesegelt. Um das Klippfisch-, das Bacalhau-Geschäft nicht zu verlieren, das in der Hand der Freimaurer lag, trat Georg Hermann Stoltz später der Loge bei.

Brasilien ist groß. Die Kunden kamen persönlich, zum Teil von sehr weit hergereist. Einmal im Jahr tätigten sie ihre Einkäufe; wenn alles gut ging, kamen sie im nächsten Jahr wieder, um das nächste Kontingent mitzunehmen, dann erst wurden die alten Rechnungen beglichen. Bei dieser Art des Warenhandels war nicht nur Vertrauen, sondern auch Menschenkenntnis gefordert. Stoltz Gabe, sein Geschick mit Menschen umzugehen, muß sich bewährt haben. Im Laufe der Zeit wurde Stoltz ‚Interessierter', ein am Gewinn beteiligter Mitarbeiter. Als seine Mutter 1867 starb, wurde das elterliche Haus in Lüneburg verkauft. Sein Erbe aus dem Verkauf betrug zehntausend Taler. Damit stieg er bei Brandes Kramer & Ferreira ein und wurde ‚Teilhaber'."[53]

HILKE und Wilko Börner erklären dazu teils bestätigend, teils ergänzend, dass G. Hermann Stoltz, nachdem seine Mutter Catharina Elisabeth am 14. März 1867 in Lüneburg gestorben war, ein „nicht ganz unbeträchtliches" Vermögen erbte. Nach dem Lüneburger Stadtrecht war der Jüngste einer Familie bei einer Erbverteilung der Haupterbe, und Georg Hermann war unter seinen Geschwistern der Jüngste.[54] Sein Erbteil konnte er, wie Tibeta Stoltz deutlich macht, in Brasilien auf entscheidende Weise zu seinem Vorteil nutzen.

DIE Darstellung Tibetas ist besonders aufschlussreich, weil sie nicht nur Näheres zu den Anfangsjahren von Georg Hermann Stoltz in Rio de Janeiro, sondern auch Allgemeines zur Lage in Brasilien während der Jahrzehnte etwa zwischen 1840 und 1870 erklärt. Zu dieser allgemeinen Lage könnte man beliebig viel ergänzen, doch sei hier stattdessen auf die „Geschichte Brasiliens" von Hans-Joachim König aufmerksam gemacht, der beispielsweise für die Zeit von 1837 bis 1866 auf die „Politische und wirtschaftliche Konsolidierung unter Pedro II." verweist. Mit der Kaiserkrönung als Pedro II. begann am 18. Juli 1841 in Brasilien das zweite Kaiserreich.[55] G. Hermann Stoltz, das ist nicht unwichtig, konnte sich also zu einer Zeit im unruhigen Brasilien emporarbeiten, als die politischen und wirtschaftlichen Verhältnisse dort einigermaßen stabil und damit günstig waren.

In einem weiteren Abschnitt äußert sich Tibeta zum Handel und Schiffsverkehr, wie er die Geschäfte mit Brasilien bis ins 20. Jahrhundert hinein kennzeichnete. Dabei greift sie zum Teil auf ganz persönliche Erfahrungen zurück: „Es war noch die Zeit der Segelschiffe. Seit 1843 wurden in England die ersten ‚Steamer' gebaut. Das waren Dampfschiffe mit Schraubenantrieb, doch sie trugen noch Segel. Bei günstigem Wind konnte weiterhin gesegelt werden. Einige wenige französische und englische ‚Steamer' kreuzten zuerst allerdings hauptsächlich den Nordatlantik. An der brasilianischen Küste sowie nach und von Europa wurde noch gesegelt. Man hatte wohl eine Segelschiffsladung Streichhölzer schon aufgegeben, denn als das Schiff dann doch in Rio ankam und die Ladung zu einem guten Geschäft wurde, war die Erleichterung so groß, daß Jahre später am Familientisch immer wieder davon erzählt wurde. Massengüter wie Zement wurden noch bis in die 20er Jahre dieses [also des 20., HJS] Jahrhunderts in Frachtenseglern verschifft. Selbst 1933 gab es noch Segler, die Holz aus Süd-Brasilien in den Norden brachten. Auf der Heimreise bunkerten sie Salz in Cabo Frio."[56]

Ergänzend heißt es dazu im Jahre 1908 bei Eduard Dettmann in einer Studie zu „Brasiliens Aufschwung in deutscher Beleuchtung": „Vor 1859 verkehrten fast ausschließlich Segelschiffe in den brasilianischen Häfen, und das Erscheinen von Dampfern gehörte damals zu seltenen Ausnahmen. Im Jahre 1875 betrug der Anteil der in brasilianischen Häfen verkehrenden Dampfschiffe jedoch bereits 29 Prozent aller Fahrzeuge".[57]

35 *Gespräch mit Hilke und Wilko Börner vom 11. Februar 2016.*

36 *Vgl. Stoltz, Reise, S. 5: Um 1895 „war man in Hamburger Kaufmannskreisen noch allgemein der Ansicht, eine weitere Schul-, Universitäts- oder gar technische Ausbildung [über das sogenannte Einjährige hinaus, HJS] sei nur verlorene Zeit, und ‚eigentlich konnte man sich das nicht leisten'." Zu den Widerständen einer Universitätsgründung in Hamburg vgl. Jendrowiak, Forschung, S. 91 f. Dazu auch Gerhardt, Begründer, S. 19; Schröder, Mutzenbecher, S. 51.*

37 *Deutsches Geschlechterbuch 209, S. 328, 338, 346.*

38 *Stoltz, Reise.*

39 *Ebd, S. 1.*

40 *So bei Ballerstedt; Boehart, Zeiten, S. 105. Ebd. wird ergänzt, Stoltz habe während seiner Lehrzeit bescheiden „in einem unbeheizten möblierten Zimmer." gewohnt.*

41 *Vgl. jedoch die Erfahrungen, die 1830 der Lehrling Fritz Stuhr in Altona bei dem angesehenen Handelshaus Johann Heinrich & Georg Friedrich Baur macht: Die Lehrzeit wird „für Fritz kein Zuckerschlecken gewesen sein. Die meisten Lehrlinge mussten um sechs Uhr aufstehen, die Öfen heizen, Lampen reinigen und dann weite Wege zu den Postämtern und Banken laufen, sonstige Hilfsarbeiten erledigen. Nachmittags und abends hatten die jüngsten von ihnen oft bis halb elf übermüdet am Pult im ‚Comptoir' zu stehen und Briefe der Commis, auch fremdsprachige, in große Kopierbücher abzuschreiben. Mit dieser Aufgabe sollten sie sich den kaufmännischen Fachstil in fremden Sprachen einprägen. Nur jeden zweiten Sonntag gab es einen freien Tag." (Kähler-Timm, Storm, S. 22.)*

42 *Schuldt, Aus dem Leben.*

43 *Stoltz, Reise, S. 1.*

44 *Schröder, Blohm, S. 10 ff.*

45 *Ders., Vorwerk sowie ders., Ohlendorff.*

46 *Siehe dazu Hinden, Deutsche, S. 225, wo es heißt, dass G. H. Stoltz „mit einem Empfehlungsbriefe von H. J. Lackemann aus Bremen" versehen war.*

47 *Stoltz, Reise, S. 1.*

48 *Vgl. Meyers Taschenlexikon, Band 19, S. 315: „Die erste fabrikmäßige Fertigung von S[chreibmaschinen] nahm die Firma Remington 1873 auf."*

49 *Schuldt, Aus dem Leben.*

50 *Treplin, Familiengeschichten, S. 41.*

51 *Deutsches Geschlechterbuch 209, S. 281.*

52 *Hinden, Deutsche, S. 311.*

53 *Stoltz, Reise, S. 1 f.*

54 *Wie Anm. 35.*

55 *König, Geschichte Brasiliens, S. 179, 183.*

56 *Stoltz, Reise, S. 2.*

57 *Dettmann, Aufschwung, S. 304.*

[6]

Heirat. Die Ehefrau und ihre Familie

Mit dem vorletzten Absatz des vorangegangenen Kapitels setzt Tibeta Stoltz einen vorläufigen Schlusspunkt, um dann fortzufahren: „Dreißigjährig[58] reiste Georg Hermann auf ‚Brautschau' nach Hamburg. Die Familie Meyer, christlich und mit fünf Töchtern gesegnet, war ihm genannt worden. Nach wenigen Wochen, am 23. Februar 1875, wurde Georg Hermann Stoltz in Hamburg mit Fanny Caroline Eleonore Meyer durch Pastor Treplin[59] in der Dreifaltigkeitskirche zu Hamm bei Hamburg getraut. Fanny Caroline war am 4. Dezember 1853, in Liverpool, als Tochter von Valentin Lorenz Meyer und seiner Frau Johanna Eleonore Henriette, geb. Sieveking geboren worden."[60]

Jede Einzelheit, die hier genannt wird, ist von Bedeutung, doch eine biografisch entscheidende Etappe im Leben von Georg Hermann Stoltz wird dabei förmlich im Telegrammstil abgehandelt. Dieser stark verkürzende Stil mag im Rahmen einer Firmengeschichte angemessen sein, in einer Biografie jedoch, die neben dem Geschäftlichen das Familiäre und Gesellschaftliche für gleichermaßen wichtig hält, ist er unzureichend. Da zu Fanny Caroline Eleonore Meyer und ihrer Familie reichliches Quellenmaterial vorhanden ist, wird auf sie und ihren Hintergrund in bewusster Ausführlichkeit eingegangen.

Wie schon erwähnt, hatte Hermanns ältester Bruder C. August am 30. Dezember 1873 Elena Magnussen geheiratet, deren Mutter Anna Meta Mathilde eine geborene Meyer war. Unter welchen Umständen August seine Frau und damit die Familie seiner Schwiegermutter kennengelernt hat, muss offenbleiben. Als Hermann Stoltz 1874 im Alter von ziemlich genau 29 Jahren bei konsolidierter Stellung in Rio de Janeiro den Zeitpunkt für gekommen sah, eine Ehe zu schließen und eine Familie zu gründen, wendete er sich zurück nach Deutschland, zum einen gleichsam angeleitet oder angeregt durch das „Vorbild" seines ältesten Bruders, zum anderen aber auch, wie Hilke Börner sagt, beraten durch seine älteste Schwester, die Diakonisse Minna.[61] Hermann muss davon ausgegangen sein, dass er eine Frau aus Deutschland heiraten wollte – in Brasilien war die deutsche Kolonie Tibeta zufolge um 1867 noch recht klein –, und zusätzlich muss es ihm wichtig oder für ihn sogar selbstverständlich gewesen sein, dass die Frau aus einer wohl beleumundeten, „guten", d. h. sittsamen, christlichen Familie stammt. Die Notwendigkeit, eine wohlerzogene, gläubige, evangelische Frau zu ehelichen, wurde ihm vor allem durch Minna nahegelegt.[62] Mit den Worten des Stoltz-Nachfahren Peter C. Jacubowsky muss Min-

G. Hermann Stoltz und Fanny Meyer als Brautpaar

na darauf gedrungen haben, dass Hermann eine fromme Frau heiratet.[63]

Hermann ging bei seiner Suche nach einer Gemahlin zielstrebig, planmäßig, in gewissem Sinn geradezu geschäftsmäßig vor. Unter den Nachfahren ist dazu eine Geschichte überliefert, die sicherlich nicht nur eine Anekdote ist.[64] Andeutungen von Fannys Mutter – siehe unten den letzten Satz in ihren Brief vom 28. Januar 1875 – lassen darauf schließen, dass Hermann seine Frau nicht unbedingt im Sinne einer Anekdote kennenlernte. Nach seiner Ankunft in Hamburg, so die Erzählung unter den Nachgeborenen, stieg Hermann im Streits Hotel ab. Von Minna wusste er, dass zur Familie des Valentin Lorenz Meyer mehrere Töchter im heiratsfähigen Alter gehörten. Wie sollte er Verbindung zu dieser Familie aufnehmen? Er schrieb einen Brief, den er nicht persönlich abgeben wollte. Im Streits Hotel wandte er sich an einen Hotelboy. Während dieser den Brief überbrachte, putzte Hermann die Schuhe, die der Boy putzen sollte. – Dem bei Valentin abgegebenen Brief folgte die Einladung an Hermann, die Familie Meyer zu besuchen. Am Haus der Meyers öffnete ihm eine junge Frau die Tür. Hermann trat ein, und bald darauf hatte er dem Herrn des Hauses sein Anliegen vorgetragen. „Sie wollen eine meiner Töchter heiraten", antwortete Valentin, „welche Tochter soll es denn sein?" Hermann erwiderte spontan: „Diejenige, die mir die Haustür geöffnet hat!" Fanny hatte ihm die Tür geöffnet.

Hermanns Enkeltochter Gerda Schuldt fügt im Jahre 2002 der solchermaßen als Zusammenfassung wiedergegebenen Erzählung folgende Erklärungen hinzu: G. H. Stoltz hatte sich mit seinem Heiratsantrag „die Schönste und Hübscheste ausgesucht. Fanny hatte lockiges, goldblondes Haar, ein schöngeschnittenes Gesicht, ein freundliches Lächeln und sehr schöne Augen."[65]

Im November oder Dezember 1874 war Fanny sehr genau 21 Jahre alt. Neben zwei Brüdern hatte sie drei jüngere Schwestern namens Caroline (Lieze genannt), Pauline (Paule genannt) und Henriette (Ette genannt), die 1874/75 unverheiratet waren. Nur Fannys älteste Schwester Caroline Louise, am 29. Mai 1851 in Hamburg-Groß-flottbek geboren, hatte am 1. Mai 1872 den Pastor August Martin Treplin (1840–1917) geheiratet. Seit dem 7. Februar 1872 war August Pastor in Hademarschen (einer Gemeinde südwestlich von Rendsburg, Schleswig-Holstein), später ebenda Propst.[66]

Von Fanny hat sich ein Brief erhalten,[67] den sie 1870 an ihren zukünftigen Schwager August geschrieben hatte, wahrscheinlich im Mai; die Monatsangabe ist abgekürzt und schwer zu entziffern. Der Brief wird vollständig zitiert, da er die behutsame und auch nachdenkliche Art von Fanny gut kennzeichnet.

„Hamm 4. M[ai] 1870
Lieber August,
Wir danken Dir allesammt vielmals für Deinen Brief; es ist nett von Dir, daß Du an uns gedacht hast. Ja, lieber August, wir wollen uns jetzt noch recht mit Euch freuen, und wir haben ja auch Grund dazu, besonders so lange Ihr beide noch so gemüthlich zusammen bei uns seid; betrübt wird es freilich schon werden, wenn Ihr nach den verschiedenen Himmelsgegenden hinweg geht; Louise nach Fuhlsbüttel und Du so etwa in die Gegend von Sülfeld,[68] aber hoffentlich

Fanny Meyer (vordere Reihe, zweite von rechts) und Mitkonfirmandinnen (Hamburg um 1869). In der hinteren Reihe, zweite von links, die jüngere Schwester Caroline (1855–1941)

dauert das nicht lange. Louise ist ja schnell von Begriff, und wird die Landwirthschaft hoffentlich bald inne haben. Nein, ein langes Brautthum will ich Euch auch nicht wünschen, aber, wenn der Tag erst einmal bestimmt sein wird, und immer näher kommt; in die Zeit kann ich mich so recht und ganz vollständig noch gar nicht hineindenken; und doch dauert es gewiß nicht mehr so sehr lange. Denk mal, ist es nicht eigentlich betrübt, daß Louise gerade weggeht, wenn wir eben anfingen zusammen zu leben, denn bis vor sehr kurzer Zeit war ich doch noch eigentlich recht Gör und lebte so in den Tag hinein. Louise hatte ja auch immer viele Freundinnen. Hoffentlich soll das aber nun nicht aufhören, sondern vielmehr noch viel fester werden. Wenn ich nur nicht hineinkomme, in die Briefe zu viel hinein zu schreiben und so mir zu viel einzureden. Wenn man nie andere Briefe geschrieben hat noch irgend ein[e] Art Gefühlstagebuch wie Louise und ich es uns einmal vornahmen, (es ist schon einige Zeit her) Du kannst sie nur danach fragen, so kommt man am Ende leicht dazu, oder auch weniger leicht, hoffentlich das letztere.
Zu berichten ist eigentlich nichts, nur noch eine Bestellung von Ette, wie folgt: ‚Daß ich Donnerstag bei Großmama gewesen bin, und daß er mir was mitbringt, und vielmal Grüße und daß sie bald wiederkommen.‘

Natürlich lassen Lieze und Paule, hoffentlich auch die Schwäger vielmals grüßen und endlich sei von ganzem Herzen gegrüßt von Deiner Fanny".

Die Schreiberin macht sich Gedanken darüber, dass sie in einem Brief – oder auch in einem „Gefühlstagebuch" – möglicherweise darauf verfällt, sich etwas einzureden oder vorzumachen – für eine Sechzehnjährige eine bemerkenswerte Überlegung. Viereinhalb Jahre später wird sie durch den Heiratsantrag von Georg Hermann Stoltz ganz auf den Boden der praktischen Tatsachen gestellt.

Zu Fannys Vater Valentin Lorenz Meyer, der vom 23. Oktober 1817 bis zum 1. März 1901 lebte, muss einiges gesagt werden. Im 12. Band des Hamburgischen Geschlechterbuchs wird ausführlich über ihn berichtet.[69] Zunächst einmal sei auf seine direkte Verwandtschaft mit Eduard Lorenz Lorenz-Meyer (1856–1926) hingewiesen. Eduard Lorenz war ein „Hamburger Kaufmann und Künstler" – so seine Kennzeichnung im Untertitel einer Biografie[70] –, der für die Geschichte der Stadt vor allem als Heraldiker und Wappenmaler Bedeutung gewann.[71] Der Vater von Eduard Lorenz, Arnold Otto Meyer, war ein Bruder von Valentin Lorenz; Eduard Lorenz und Fanny waren also Vetter und Cousine ersten Grades. Vom Alter

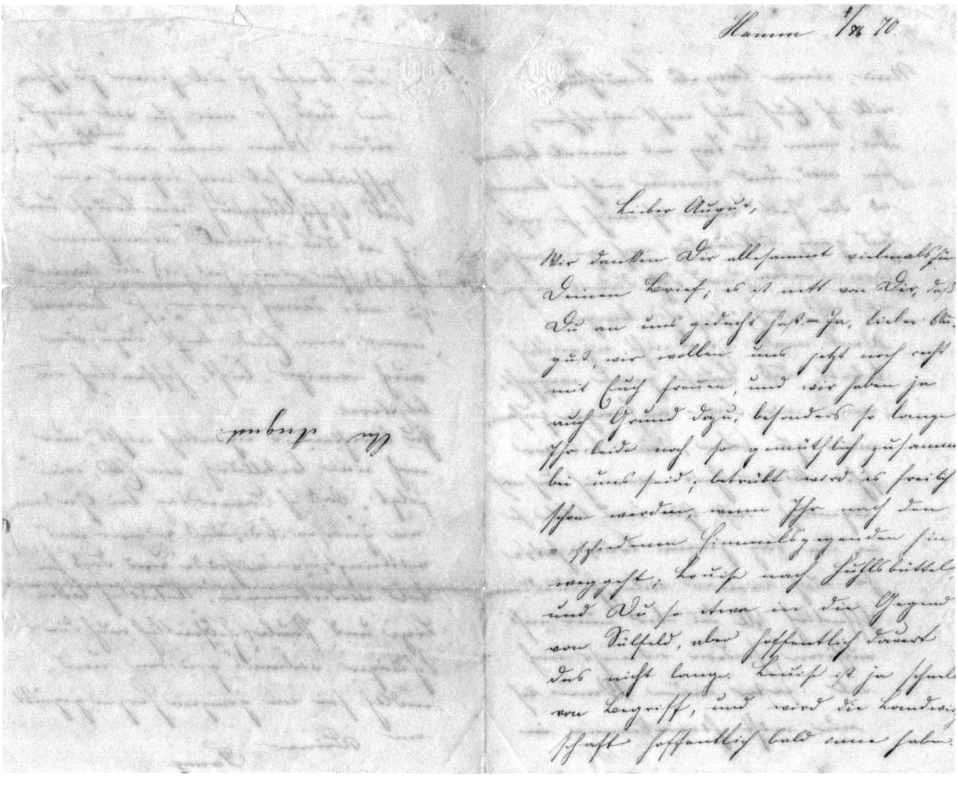

Fanny Meyer an August Treplin (Mai 1870)

her waren sie zweieinhalb Jahre auseinander. Fannys Vater hatte am 16. Mai 1850 Johanna Eleonore Henriette Sieveking geheiratet, die vom 15. Juni 1826 bis zum 12. April 1883 lebte. Damit entstand eine Verbindung zu einer der angesehensten Familien Hamburgs. Henriette war die älteste Schwester von Ernst Friedrich Sieveking (1836–1909), der seit 1879 als erster Präsident dem Hanseatischen Oberlandesgericht vorstand.[72] Wie eng die Familien Meyer – seit 1905 Lorenz-Meyer[73] – und Sieveking miteinander verflochten waren, zeigt sich beispielsweise auch daran, dass Eduard Lorenz Lorenz-Meyer im Dezember 1884 Alice Sieveking heiratete, Tochter von Ernst Friedrich Sieveking.[74] Georg Hermann Stoltz heiratete also in einen Familienverband ein, der im Umkreis der großbürgerlichen Familien Hamburgs zu den herausragendsten gehörte.

VALENTIN Lorenz Meyer, so ist dem 12. Band des Hamburgischen Geschlechterbuchs zu entnehmen, „gründete zusammen mit seinem Freunde und späteren Schwager Theodor August Behn (…) am 1. 11. 1840 in Singapore die Firma Behn, Meyer & Co., die neben Kommissionsgeschäften (…) auch die Abfertigung der an die Firma adressierten Schiffe betrieb“.[75] Wie die oben genannten Herren Blohm, Vorwerk oder Ohlendorff zählte also Valentin Lorenz Meyer zu den Kaufleuten, die ihre Fühler nach Übersee ausstreckten, um lukrative Geschäfte zu machen. Allerdings kam es für ihn nach acht Jahren des Erfolgs anders. Obgleich sich die Firma Behn, Meyer & Co. „sehr gut entwickelt hatte“, schied er „am 31. 12. 1848 aus der Firma aus, da er sich keinesfalls am Opiumhandel beteiligen wollte“.[76] Was damit neutral und etwas unbestimmt formuliert ist, wird von zwei Enkeln des Valentin Lorenz deutlicher beschrieben: „August Behn war ein robuster, auf Gewinn bedachter Kaufmann, während unser Großvater mehr seinem religiösen inneren Leben zugewandt war. Der unvermeidliche Krach, der dann zur Auflösung der Gemeinschaft führte, kam mit dem Opium. Es sollte einem Geschäftsfreund zu Gefallen eine Kiste Opium verladen werden. Mein Großvater widersetzte sich diesem Ansinnen. Behn, von Skrupeln nicht berührt, bestand auf der Verladung. Das Ende der Zusammenarbeit war da.“[77]

NACH Hamburg zurückgekehrt, suchte Valentin Lorenz „nun eine Tätigkeit, die seinen Neigungen entsprach.“ Im Umgang mit den zahlreichen Auswanderern, die Deutschland verließen, führten Vermittlungsgeschäfte skrupelloser Agenten zu schlimmen Missständen. Dem Übel wollte V. Lorenz mit Entschiedenheit entgegenwirken. Ihm „erschien es, als ob ihm eine Aufgabe von seinem Gott gegeben sei. Seine nicht unbeträchtlichen Mittel, die er aus Ostasien mitgebracht hatte, ermöglichten ihm, wie ihm schien, einzugreifen. Nach einem genauen Studium glaubte er, in Liverpool den besten Ausgangspunkt für seine neue Idee gefunden zu haben. (…) Leider muß man sagen, daß ihn bei seinem groß angelegten Unternehmen nun Unglück auf Unglück verfolgte.“

VERSCHIEDENE Umstände führten dazu, dass V. Lorenz in Liverpool, wo er Anfang 1851 sein Geschäft eingerichtet hatte – Fanny kam dort am 4. Dezember 1853 zur Welt –, mit seinen Aktivitäten scheiterte. Bis in das Jahr 1856 kämpfte er um seine Unternehmungen, dann „war sein nicht unbeträchtliches Vermögen aufgebraucht. Er mußte sein Geschäft liquidieren, seinen Hausstand verkaufen, und er hatte danach gerade noch soviel Geld, daß er die Passage für sich und seine Familie bezahlen konnte. Ohne irgendwelche Mittel kam er in Hamburg an".[78]

Nach einem solchermaßen bewegten Leben musste er in Hamburg zunächst neu anfangen. Er „betrieb nun eine Agentur von Baumwollwaren, die bis zu seinem Tode erfolgreich arbeitete. Als ihm nach dem Tode seines Vaters der große Besitz in Hamm und ein beträchtliches Vermögen zugefallen war, gab er große Mittel für philanthropische und kirchliche Zwecke aus, beteiligte sich an der Gründung der Kapellengemeinden (Stiftskirche und Kreuzkirche), die in den geistlich sehr schlecht betreuten Vororten St. Georg und Barmbek lagen, begründete auch die Barmbeker Sonntagsschule, in der er selbst unterrichtete, war jahrelang Kirchenvorsteher und gehörte zum Kreis um Wichern, förderte auch in großzügiger Weise das Rauhe Haus in Horn und unterstützte die Diakonissenanstalt Bethesda."[79] Von allem, was Valentin Lorenz Meyer unternahm, kann mit den Worten eines Enkels zusammenfassend gesagt werden: „Sein strenges Lutheranertum hat ihn sein ganzes Leben begleitet und bildete das Fundament seines inneren Lebens. In diesem Geist hat er auch sein Haus regiert."[80]

Sowohl die Orientierung nach Übersee oder ins Ausland als auch die Fundierung im christlichen Glauben waren für Fanny von Kindheit an etwas Selbstverständliches, sozusagen Naturgegebenes. Der Gedanke, einem Ehemann nach Südamerika zu folgen, konnte ihrem Vater und ihr selbst von vornherein nicht fremd sein. Gleichwohl mussten Fanny und auch ihre Mutter mit der Trennung einen großen, schmerzhaften Schritt vollziehen, zumal G. Hermann Stoltz eine schnelle Heirat und eine fast sofortige Rückkehr nach Brasilien wünschte. Aus verschiedenen Briefen geht hervor, wie sich die Verwandtschaft zu diesem Schritt stellte.[81]

In einem an Valentin Lorenz gerichteten, vermutlich im Dezember 1874 oder Januar 1875 entstandenen Brief – wann Fanny und Hermann sich verlobten, ist unklar – schreibt eine Therese Ahrens, geb. Meyer:[82] „Lieber Lorenz, Wir Alle, Großvater, meine Kinder und ich senden Euch die herzlichsten Glückwünsche zur Verlobung Eurer lieben Tochter Fanny, welche Anzeige ich gestern mit größter Theilnahme empfing. Der Wohnort der Verlobten, Rio, deutet wohl auf jahrelange Trennung, ich glaube das ist für die Eltern reichlich so schwer, als für das junge Paar selbst."

In einer schwerleserlichen Schrift schreibt eine Unbekannte oder ein Unbekannter am 14. März 1875, also gut zwei Wochen nach Fannys Hochzeit: „(…) [I]ch habe Deine Anzeige von der Verlobung der Tochter Fanny erhalten, von der Hochzeit werde ich hören, und nun wird erzählt, daß sie am [?] d. M. [dieses Monats, HJS] der Heimath Valet zu sagen gedachte; weil es aber ganz gleich, ob man früher oder später Glück wünscht und Segensgedanken spendet, im Gegentheil, keine Vertheidigung[?] wünschenswerth erscheint, so komme ich erst jetzt, bekenne meine Freude und Theilnahme und spreche meine Hoffnung aus, daß günstige Winde die Verlobten u. Getrauten über's Meer und dereinst auch wieder zurück in die Heimath führen werden."

V. Lorenz Meyer (1817–1901), gemalt von Christian Carl Magnussen

J. E. Henriette Meyer, geb. Sieveking (1826–1883)

Einen jahrelangen, intensiven Briefwechsel führte Henriette, die Mutter von Fanny, mit ihrer Cousine Johanna Elisabeth Cramer, geb. Sieveking (1825–1894).[83] Am 9. Mai 1875, nunmehr zweieinhalb Monate nach der Hochzeit von Fanny und Hermann, schrieb Elisabeth: „Meine liebste Henriette. Mancherlei hast Du durchgemacht seitdem wir einige Worte wechselten u. ich konnte es Dir nur so von Weitem nachfühlen. Du hast Deine Fanny fliegen gelehrt u. sie ist davon geflogen; nicht anders, nur weiter als Du es wohl gemocht; oft sind Deine Gedanken bei ihr, Gott gebe daß Du bald von glücklicher Ankunft hörst! (…)" Verlobung, Hochzeit und die Abreise nach Südamerika mochten sich im Eiltempo vollzogen haben – dennoch dauerte es viele Wochen, bis der Atlantik überquert war. Reisen und Postverkehr waren in keiner Weise zu vergleichen mit heutigen Möglichkeiten.

Was Henriette durchgemacht hatte, lässt sich einem ausführlichen Brief entnehmen, den sie wenige Wochen vor der Hochzeit, am 28. Januar 1875, an Elisabeth Cramer schrieb, und zwar aus Hademarschen, wo sie sich bei ihrer ältesten Tochter Louise aufhielt:[84] „Meine liebe Elisabeth, Du schriebst mir um Neujahr u. ich danke Dir im Herzen, wollte es auch mit der Sache thun und nun ist der Januar fast zu Ende u. die letzte Hälfte scheint mir so groß u. lang, daß ich mich immer wieder auf die Kürze der verstrichenen Zeit besinnen muß. Noch bin ich hier in der Stille u. allmählig, nach großer Unruhe, dabei das Herz zerspringen wollte, wird's auch in mir stille und ich muß ja glauben, wenn sie mir von lauter glücklichen Geschichten schreiben, habe ja auch mein Teil[?] hier gesehen ruhig u. klar u. ohne das leiseste Schwanken, obgleich sie unmittelbar nach ihrem Jawort in die Eisenbahn gestiegen war hierher – Aber Alles, Alles muß ich nur aus Briefen hören u. weiß doch ganz gewiß, daß ich hier am rechten Platze bin! (…). – Es ist immer eine Herzerquickung hier zu seyn, wenn nur nicht inzwischen Tage u. Wochen dahinflögen u. abgeknappt werden von der kurzen Zeit, da wir unsre Fanny noch haben. (…) Du weißt noch garnicht was es thut, eine Tochter davon zu geben, wie es ist als müßte man sie sich vom Herzen losreißen u. wie man sich doch so daran freut sie glücklich, sie von Herzen geliebt zu sehen! – Gott gebe seinen Segen u. bewahre sie dort vor allem Bösen. (…) Hier in Hademarschen kann ich fast jede Bewegung verfolgen auch von Hamm aus, und meine Herzensfanny zieht in die weite, weite Welt! – Und doch, daß sie mir nicht mehr ganz gehört merkte ich am ersten Tage ihrer Verlobung. Mir ganz wunderbar u. eine Ursache zum Dank gegen Gott ist, daß auch dieser Schwiegersohn erst unser Haus liebgewann u. dann sich nach einer Tochter daraus umsah, so wird will's Gott der Segen der Elternhäuser u. das Glück derselben ihnen auch in ihr eignes Haus folgen!"

Ein weiterer ausführlicher Brief Henriettes darf nicht beiseite gelassen werden, weil er noch einmal die Sorgen und Hoffnungen der Mutter widerspiegelt, zugleich aber auch wichtige Erklärungen zum Charakter von Fanny enthält:

„Hamm 31 Mai 1875
Meine theure Elisabeth.
(…) Wie in alten Zeiten komme ich mit einem Glückwunsch zu Deinem Wiegenfest[85] u. freue mich, daß [Du] mir immer dieselbe geblieben bist durch lange Jahre hindurch

und man nach langen Pausen doch immer wieder anknüpfen kann u. sich verstanden u. treu geliebt weiß. Die letzte Zeit forderte uns ja sehr zu einem Rückblick auf u. der fällt auf eine köstliche Reihe von Jahren, darin wir unendlich viel Gutes aus Gottes Hand empfangen haben. Die Schatten treten zurück, sie waren auch nicht bitter u. kalt, es ist wie lauter Sonnenschein; das demüthigt, das erquickt aber doch auch bis in's innerste Herz hinein. Der schwere Kampf der letzten Monate, das Losreißen unserer Fanny u. die sich namentlich in den langen Wartewochen auf Briefe, nach dem Sturm der Verlobung, Hochzeit u. Abreise, aufdrängende Besorgniß, ob es auch das Beste für unser Kind gewesen, legt sich allmählig. Die jetzt häufig eintreffenden ausführlichen Briefe zeugen von klarer Befriedigung. Sie weiß, daß sie ihre Bestimmung gefunden u. fühlt sich dadurch sehr beglückt. – Sie ist nie für Redensarten, am allerwenigsten für fromme, aber ich weiß, daß sie ein ernstes inneres Leben führte; Gott helfe es ihr mit ihrem Mann fortsetzen! – Es ist ein eignes Gefühl der Verantwortung, wenn die Töchter ihr Jawort in unsre Hand legen u. beide wären nicht unglücklich geworden, wenn wir nein gesagt hätten. Louise ist mehr u. immer mehr, jetzt laut ausgesprochen, unendlich glücklich geworden; Fanny war vom ersten Augenblick an viel klarer und sicherer, so wird es hoffentlich dauern. – Sonderbar, daß es so oft anders kommt als man denkt u. träumt. Louise, mit leicht erregbarem Sinn hätte sich in jede Lebenslage hineingefunden – sie ward innig u. tief geliebt u. merkte u. würdigte es zuerst kaum – Fanny wird nach zögernder ruhiger Überlegung gewählt, liebt selbst gleich stürmisch u. muß auch hier, wie das von Kind auf ihr Loos war, mehr geben als nehmen, und ich meinte gerade, sie müßte tiefe, warme Liebe haben mehr als jedes andre unsrer Kinder – Es ist als sollte sie zunächst im Geben glücklich werden u. erst allmählig wird ihr Mann merken was er an ihr hat. – Lach mich aus, wenn Du willst u. schelt mich blind – ich mein doch, wir Mütter kennen unsre Kinder am besten – dies ist auf einen langen Brief angelegt, wie Du merkst, aber nun schlägt die Poststunde, u. der Juni kommt unabänderlich, darum Fortsetzung folgt! – Heute nur innige Grüße zum Schluß von Deiner Henriette."[86]

……………………………………………………………

Von dem oben zitierten Brief an August Treplin abgesehen, stehen dem Verfasser weitere Briefe Fannys nicht zur Verfügung. Wie die Mutter schreibt, hat sie im Mai 1875 häufig eintreffende, ausführliche Briefe von Fanny erhalten. Briefe Henriettes an ihren Ehemann Valentin Lorenz sowie an Elisabeth Cramer werden jedoch in großer Zahl im Staatsarchiv Hamburg aufbewahrt.[87] Sie erlauben es, in einer ausholenden Rückblende viele aufschlussreiche Einzelheiten zur Kindheit von Fanny zu dokumentieren. Die Briefauszüge, die vor allem letztere sowie die Schwestern Louise und Caroline betreffen, werden dabei weitgehend ohne Kommentar aneinandergereiht. Zunächst führt die Rückblende nach Liverpool. Genau zwei Wochen nach der Geburt von Fanny schreibt Henriette in einem ersten Brief:

……………………………………………………………

„L'pool 18 Dec. [18]53
Mein Herzensmann, (…)
Wie schnell u. gut vergingen doch diese 14 Tage – heute nach Tisch ließ ich die jungen Leute zum Caffee heraufkommen u. waren sie sehr freundlich u. nett, hatten vorher schon baby sich zeigen lassen. (…)

Mir und den Kindern geht es sehr gut. Louischen hat es etwas auf der Brust, ist aber recht artig im Ganzen, baby immer musterhaft ruhig – macht wie es scheint Umstände mit der Bouteille – nun, wenn Gott mir genug Milch giebt, verlange ich's nicht anders – doch versuchen wir die Flasche immer wieder. Aber nun Lebwohl u. Gott befohlen mein Herzensmann.
Ganz Deine treue Henriette"

Es folgen dicht aufeinander vier Briefe aus Liverpool:

„Liverpool den 27st. April 1854
Mein liebster Mann. (...)
Unsere Kinder sind beide furchtbar erkältet, schnauben und husten um die Wette; für Louise ängstige ich mich nicht mehr, wenn's nur mit Fanny nicht schlimmer wird, die sich noch so wenig beim Husten zu heben weiß. Ach, Du lieber Mann, es muß doch furchtbar schwer seyn, ein Kind hingeben zu müssen; ich bin immer so traurig, wenn ihnen etwas fehlt, obgleich ich weiß, daß Gott sie in Seiner Hand hat – o, ich möchte so gern sie wären ganz wieder gut. Du, Herze, betest ja doch recht ernstlich für sie, und da wird uns der treue Gott auch erhören nach Seiner Gnade. Du mußt nicht glauben, daß ich sie für so schlimm krank halte, Du weißt ja wohl, wie mich bei den Kindern jede Kleinigkeit so unruhig macht. Louischen sieht sehr mitgenommen aus, ist verdrießlich u. müde, wenn sie auch bisweilen zu [?]."

„Liverpool d. 28st. April 1854
Mein herzenslieber Mann. (...)
Herzensmann, den Kindern geht es Gott sey Dank besser, sie husten noch, wie auch ich, und namentlich Fanny ist sehr voll, aber er ist doch lose, ich gebe ihr keine Kuhmilch, sondern nur [?]wasser u. dünnen Kamillenthee neben der Brust, um ihr nicht noch mehr Schleim zu geben; sie schläft gut wenn auch gerade im Schlaf oft hustend, ist aber freundlich und niedlich wie immer."

„Liverpool d 30st. April 54
(...) Ach Du lieber Mann, wie freu ich mich immer, wenn das Unwohlseyn der Kinder vorüber geht; Fanny's dicke Lenden sind wirklich ein wenig weich geworden, u. Louise auch etwas abgefallen, doch wissen wir ja, wie schnell das Gedeihen wiederkommt wenn mit Gottes Hülfe das Übel überstanden. Louise ist wieder die alte, und Fanny immer gleich freundlich u. zufrieden, nur sehr schlimm am Halse!"

„Liverpool den 2t Mai 1854
(...) Von unsern süßen Kindern kann ich Dir nur Gutes berichten, die Erkältungen sind fast ganz überwunden und auch Fanny's Hals bessert sich. Vergnügt bis zum letzten Augenblick waren sie heute vor 7 schon beide so wie hingelegt eingeschlafen. Louise erwartet mit Ungeduld, daß die Erkältung u. das Wetter ihr wieder gestatten, in den Garten zu gehen, was bis jetzt noch nicht anging: wir haben viel Wind u. heute viel Regen gehabt."

In einem Brief Henriettes vom 27. Februar 1855, nunmehr aus Hamburg, heißt es an Lorenz, der sich in Berlin aufhält: „Die Kinder sind wohl auf, Fanny wird täglich niedlicher (...)."

Nochmals aus Liverpool schreibt Henriette an Elisabeth Cramer am 10. Juni 1855 im zweiten Teil eines Briefs, den sie am 29. April begonnen hatte: „(...) Ach Du, das Blatt liegt noch immer; da ich ohnehin nicht sehr schreibselig, unterbleibt jetzt desto eher, weil mich die Kinder sehr in Anspruch nehmen; zwei, die nicht gehen können machen etwas viel Mühe: Fanny 1½ J. alt ist rund und dick wie eine Kugel u. darum eine ziemliche Last auf dem Arm, giebt garkeine Aussicht auf baldiges Gehen, kriecht auch nicht, sitzt nur auf der Erde u. bewegt sich unbewußt von der Stelle u. geräth dann oft unter Tisch u. Stühle fest, ist sonst ein bequemes ruhiges Kind, spielt lange allein für sich hin u. hat ein allerliebstes Frätzchen – Louise ist viel zu lebhaft u. ungestüm im Vergleich zu ihr, spricht u. fragt ohne Aufhören, damit viel aus [?] – als aus Wißbegierde; hat nicht die gehorige Aufsicht während meiner Wochenzeit gehabt, wächst den Dienstboten über den Kopf u. muß darum jetzt besonders angehalten werden. Klein Caroline [geboren am 3. Mai 1855, HJS] ist ein gewaltiger Schreihals, gedeiht aber bei alledem prächtig u. wird sich hoffentlich allmählig auch das überflüssige Schreien abgewöhnen – da kannst Du begreifen, wie nun die Tage dahinfliegen und ich Abends recht sehr müde bin."

EIN knappes Jahr später, am 1. Mai 1856 (Christi Himmelfahrt) kommt Henriette in einem Brief an Elisabeth erst auf ihre Tochter Caroline zu sprechen, um sich anschließend Fanny und Louise zuzuwenden: „(...) [Caroline,] unser Sorgenkindchen macht sich jetzt ganz nett heraus, ist freilich noch sehr dünn u. mager, aber ausgelassen vergnügt u. lebendig, sehr behaglich im kurzen Zeuge, und hoffentlich wird sie sich in Ham[m] völlig erholen und auch etwas rund werden; wozu Fanny ihr ein so gutes Beispiel giebt, an der kein Knochen zu fühlen ist. Die läuft jetzt endlich, plappert ohne Aufhören und wird bei einigem Mangel an eignen Ideen von der lebhaften Louise angeregt u. in Gange gebracht. (...) – In acht Tagen ziehen wir hinaus nach Ham[m], d. h. ich u. die Kinder, denn Lorenz geht auf ein paar Wochen nach England u. mir wird's dann wunderbar einsam vorkommen in dem großen Hause."

ZWEI Wochen später, am 14. Mai 1856, schreibt Henriette aus Hamm ihrem Ehemann: „Fanny ißt, wenn wir allein sind, mit bei Tische u. lernt das Alleinessen ganz nett; zuletzt aber wird der Arm so müde, u. thut weh, ebenso wie das Bein, wenn sie eine Zeitlang draußen gegangen ist."

AUF einem Einzelblatt, offensichtlich der Fortsetzung eines Briefs aus Bargfelde vom 19. Januar 1857, wird dem Ehemann erklärt: „Bei Fanny haben wir leider die Entdeckung gemacht, daß sie doch nicht grad ist; die Schultern sind ungleich; ob's nun noch im Rückgrat liegt kann ich [?] nicht fühlen, Hüften u. Beine sind gerade. Gebe Gott, daß es nicht zunimmt. Es ist doch wohl immer geblieben, wenn auch durch die Dicke u. ihre gerade Haltung weniger in die Augen fallend. Wenns nur nicht schlimmer wird, können wir uns schon freuen. Sie wird augenscheinlich immer behender und flinker zu Fuß."

ANDERTHALB Jahre später ist in einem Brief an V. Lorenz von Haltungsschäden bei Fanny nicht mehr die Rede. Henriette hält sich mit ihren Kindern auf der Nordseeinsel Föhr auf:

„WYK d 16 Juli 1858
(...) Die Seeluft ist ganz köstlich u. wir sind ganz dicht am Strande. Die Kinder haben nun heute Morgen schon gebadet mit Eifer,

Louise sogar mit Lust, Fanny war noch etwas erschrocken, aber das wird sie bald überwinden, u. wird es sie gewiß kräftigen. Das Wasser ist so klar u. grün. Mit warmen Bädern anzufangen soll nicht gut seyn".

In zwei weiteren Briefen an Lorenz geht es drei Jahre später neben Louise und Fanny erneut auch um Caroline:

„Hamburg d 3 Juni 1861
(...) Die Kinder versuchten etwas unbändig zu werden, lassen sich aber doch bedeuten da ich mir's gleich ernsthaft verbat. Gestern gingen sie dann allein zur Sonntagsschule ganz verständig. Am schwersten ist Fanny, die sich in ihrer Träumerigkeit immer vertüdert, jetzt z. B. rechnet sie schon Stunden lang an ein paar ganz leichten Exempeln, während Louise, die eine Stunde später gekommen schon gleich mit Handarbeit fertig. Das schlimmste für die arme Fanny ist, daß Louise sich mehr u. mehr Caroline zuzieht, die so viel besser mit ihr [überein]-stimmt u. flink u. frisch auf alle Pläne Louisens eingeht. Man kann das garnicht hindern u. den Kindern auch nicht verdenken, aber Fanny macht es immer unliebenswürdiger; ich hoffe immer, daß es nur eine Übergangszeit für sie ist."

„Hamburg d 5t Juni 1861
(...) Fanny hatte wie immer wieder lange zu arbeiten; hier muß auch ich wirklich einmal Einsprache thun bei Cecilie H. wegen zu viel häuslicher Arbeiten; gestern hat sie fünf Seiten schreiben müssen, heute 21 Beispiele machen; sie verdirbt sich ihre Handschrift total u. nachdem sie Morgens sich langweilt, weil sie schon Alles weiß, was vorkommt, verdummt sie bei den Arbeiten die ihr über den Kopf wachsen u. alle ihre abstoßenden, unliebenswürdigen Eigenschaften treten hervor."

In der Abfolge der Briefe folgt nun ein großer zeitlicher Sprung. Fanny war erwachsen geworden, hatte geheiratet und in Rio de Janeiro 1876 und 1877 ihre ersten beiden Töchter zur Welt gebracht. Drei Briefe von Henriette an Elisabeth liefern dazu in Ausschnitten zunächst nur allgemeine Hinweise:

„Hamm 22/23 Sept. 1878
(...) Uns allen geht's gut; auch immer gute Nachrichten aus Rio – (...) man erfuhr doch so manches Beruhigende über Fanny u. ihr Glück, das ihre Briefe nicht so sagen können."

„Hamm 28 Dec. [18]79
(...) Von unserer Fanny haben wir schon mehrere Posten selbstgeschriebener Briefe, die von erfreulichem Zunehmen der kleinen sehr zarten Kinder u. Fannys eigenen Kräften berichten."

„Hamm 10 Oct. 1880
(...) Von Louise u. Fanny hören wir auch nur gutes – letztere machte mit ihrem Mann eine 4 wöchentliche Reise die Häfen an der Küste entlang immer wieder aus u. einsteigend bis Buenos Ayres – es scheint doch beide erfrischt zu haben, obgleich mir die Mühsal für Fanny, die schon im December wieder erwartet, reichlich groß vorkam. Die 3 Kinder waren inzwischen bei Elena."

Am 7. Dezember 1880 gebar Fanny in Niterói (Brasilien) ihr viertes Kind, den Sohn Rudolph Hans.[88] Von ihm wird noch wiederholt die Rede sein. In einem weiteren, hier abschließend zitierten Brief an Elisabeth liefert Henriette, die sich immer wieder als eine kluge, beobachtende, reflektierte Frau erweist,[89] nunmehr detaillierte Erklärungen zum Leben von Fanny. Im Sommer 1881 war letztere zu Besuch nach Deutschland gekommen.

„Hamm 31 Juli 1881
Meine liebe Elisabeth.
Neulich schrieb ich Dir so eilig, daß vieles übergangen wurde u. ich heute schnell den sehr ruhigen Sonntagmittag benutze mich zu Dir zu versetzen. (...) Ende der Woche [kommt] dann Fanny mit den 3 kl. Mädchen. Die bringen sehr viel Lärm u. Leben in's Haus; so können wir uns zunächst schwer in die Stille finden. Es ist so einzig nett mit Fanny zu leben, und ich kann Dir garnicht sagen wie dankbar ich für diese Zeit bin, die nur allzu schnell zu Ende gehen wird. Wir werden aber künftig ganz anders mit einander fortleben können. Fanny ist über Erwarten frisch u. blühend, hat noch ihre schönen Farben, ihre schönen Zähne, ihre herzgewinnende Freundlichkeit, kommt uns etwas größer u. stattlicher vor, vielleicht auch lebendiger u. sicher fester in ihrem Auftreten. Mit den oft heftig aufbrausenden Kindern hat sie eine angenehme feste Ruhe; sie sind garnicht blöde, sehr zuthu[n]lich, aber auch sehr entschieden in Kundgebung ihres Willens, der nicht leicht zu brechen ist. Mit den kleinen Hademarschern haben sie sich schnell befreundet, obgleich das ein ganz anderer Schlag ist, mehr schüchtern u. zurückhaltend, beobachtend u. nachdenkend, obgleich sie auch gehörigen Lärm machen können und ihren reichlichen Theil zu der Unruhe beitrugen, als wir 10 Kinder im Hause hatten. Die Kleinen waren immer sehr eifersüchtig auf ihre Mamas, die ja kein verkehrtes Kind auf den Schoß nehmen durften. Nun treffen sie sich wieder in Hademarschen, wo das Haus recht voll sein wird."

Nach dem Geschlechterbuch der Familie Stoltz hatten Fanny und Georg Hermann acht Kinder, von denen zwei der jüngsten Geschwister jedoch als Säuglinge starben und ein achtes Kind tot zur Welt kam.[90] Die älteren fünf Kinder, alle in Niterói geboren, hatten und haben zahlreiche Nachkommen, so dass Georg Hermann und Fanny zu Stammeltern einer weitverzweigten Familie wurden. Es würde zu weit führen, zu den fünf in Brasilien geborenen Kindern Näheres zu erklären, doch sollen sie hier der Reihe nach mit ihren Lebensdaten aufgeführt und außerdem durch Kinderbilder sozusagen sichtbar gemacht werden:

– Louise, geb. 9. März 1876, verheiratet mit Hugo Philipsen (Amtsgerichtsrat und Gutsbesitzer), gest. 14. Februar 1963 in Wentorf; kinderlos.
– Fanny, geb. 7. Juli 1877, verheiratet mit Ernst Abel (Abteilungspräsident bei der Deutschen Reichsbahn), gest. 4. Oktober 1972 in Wentorf; zwei Töchter.
– Henriette Elisabeth (Lisbeth), geb. 9. November 1879, verheiratet mit Moritz (Mauricio) Wilhelm Carl Clemens Wolrad Gleisner (Kaufmann), gest. 23. August 1952 in Concepción (Chile); fünf Kinder.
– Rudolph Hans, geb. 7. Dezember 1880, gest. 4. Februar 1958. (Zu ihm wird noch Näheres gesagt.)
– Caroline Elena, geb. 10. Oktober 1882, verheiratet mit Tom Ringel (Dr. med., Professor für Chirurgie), gest. 30. Juli 1962 in Hamburg; eine Tochter.[91]

Den „Familiengeschichten" von Hans und

Fanny Stoltz (1853–1910) mit ihrer Tochter Louise (1876–1963) am 20. September 1876

Fanny Stoltz mit den Töchtern Fanny und Louise (1878)

Louise Stoltz (1876–1963)

Fanny Stoltz (1877–1972)

R. Hans (links) und Elisabeth Stoltz (im Februar 1883)

Fanny Stoltz mit ihren vier ältesten Kindern (um 1881)

H. Elisabeth Stoltz (1879–1952)

C. Elena Stoltz (1882–1962)

Harro Treplin sind zusätzliche Einzelheiten zum Charakter und Leben von Fanny Stoltz, der Mutter der ebengenannten Kinder, zu entnehmen: „Fanny hatte sehr darunter gelitten, daß sie ihre, sie stark beeinflussende Schwester [Louise Treplin, HJS] nach Hademarschen verloren hatte; sie war deshalb des Öfteren bei dem jungen Pastorenehepaar. Es existieren von ihr eine Reihe von hübschen Aquarellen. Man sieht, daß dieses Talent immer wieder in der Familie Meyer zum Tragen kam. Ihre Briefe aus Brasilien an unsere Mutter [Louise Treplin, HJS] atmen viel Sehnsucht, aber sie ging freudig in den schweren Aufgaben auf, die ihr das Leben drüben und der nicht ganz einfache Mann immer wieder stellten. Sie ist aber mit ihm doch sehr glücklich geworden. Sie hat ihm zehn Kinder geboren, fünf in Rio de Janeiro, fünf nachher in Hamburg."[92] Folgt man dem Geschlechterbuch, so ist die Angabe „zehn Kinder" verkehrt; in Hamburg starben, wie erwähnt, drei Kinder.

WEITER heißt es in den „Familiengeschichten" zu Fanny Stoltz: Sie „war eine besonders schöne Frau. Sie soll ihrer schönen Mutter am ähnlichsten gewesen sein. Ich habe sie in ihrer beherrschten Ruhe und mit ihrer sanften Stimme immer sehr bewundert. Sie hatte die Meyersche Ruhe geerbt, ganz im Gegensatz zu ihren laut redenden Töchtern. Sie starb schon 1910, 55-jährig.[93] Ihr Tod wurde durch eine verpfuschte Stirnhöhlen-Operation herbeigeführt."[94]

MIT den letzten beiden Sätzen wird in eine Zukunft vorgegriffen, auf die erst später eingegangen werden kann. Zunächst muss zurückgeblendet werden in eine Zeitspanne, während der Georg Hermann und Fanny nach ihrer Heirat in Brasilien lebten.

G. Hermann Stoltz mit seiner Familie (1889)

Fanny Stoltz (1889)

Fanny Stoltz auf einem handbemalten Zierteller (1889)

58 *Am 11. November 1874 war G. Hermann Stoltz 29 Jahre alt geworden.*
59 *Einem anderen Dokument aus dem Privatarchiv Claudio Stoltz zufolge wurden G. Hermann Stoltz und Fanny Meyer von einem Pastor Moraht in Hamm getraut.*
60 *Stoltz, Reise, S. 2.*
61 *Wie Anm. 35. Dazu auch Treplin; Grönning, Meyer, S. 47.*
62 *Schuldt, Aus dem Leben.*
63 *Gespräch mit Peter Jacubowsky vom 2. Oktober 2017.*
64 *Am ausführlichsten wird die Vorgeschichte zur Eheschließung von Gerda Schuldt in „Aus dem Leben" erzählt. Leicht abgewandelt findet sie sich bei Ballerstedt; Boehart, Zeiten, S. 107 f.*
65 *Schuldt, Aus dem Leben*
66 *Deutsches Geschlechterbuch 171, S. 213 f.*
67 *Privatarchiv Peter Jacubowsky.*
68 *Sülfeld ist eine Gemeinde im Kreis Segeberg, Schleswig-Holstein.*
69 *Deutsches Geschlechterbuch 171, S. 212.*
70 *Dazu ausführlich Gerhardt, Lorenz-Meyer.*
71 *Vgl. Lorenz-Meyer, Wappenbuch.*
72 *Dazu Schröder, Sieveking.*
73 *Gerhardt, Lorenz-Meyer, S. 12. Bei Treplin, Familiengeschichten, S. 33, heißt es, zwei Söhne von Valentin Lorenz Meyer „haben im Jahre 1903 den Namen Lorenz-Meyer angenommen."*
74 *Gerhardt, Lorenz-Meyer, S. 10.*
75 *Deutsches Geschlechterbuch 171, S. 212. Dazu Gerhardt, Lorenz-Meyer, S. 6.*
76 *Deutsches Geschlechterbuch 171, S. 212.*
77 *Treplin, Familiengeschichten, S. 32. Vgl. auch ders.; Grönning, Meyer, S. 13, 29 f.*
78 *Treplin, Familiengeschichten, S. 33 ff.*
79 *Deutsches Geschlechterbuch 171, S. 212.*
80 *Treplin, Familiengeschichten, S. 36.*
81 *Die folgenden drei Briefausschnitte werden aufbewahrt im StA Hbg., 622-01/65 Lorenz-Meyer, C XII d 6.*
82 *Thereses Vater Anton Friedrich Meyer (1793–1877) und der Vater von Valentin Lorenz Meyer waren Brüder; siehe Deutsches Geschlechterbuch 171, S. 208 ff., 229.*
83 *Johanna Elisabeth Cramer war eine Tochter von Karl Sieveking (1787–1847), einem Bruder von Friedrich Sieveking (1798–1872), dem Vater von Henriette. Siehe Deutsches Geschlechterbuch 200, S. 488. – Dazu Loyer, Lévi-Strauss, S. 47: „Die Frauen sind die Hauptinstanzen der Korrespondenz, des lebenswichtigen Familienbandes (…)."*
84 *StA Hbg., 622-1/65 Lorenz-Meyer, C XII d 7.*
85 *Elisabeth Cramer hatte am 2. Juni Geburtstag.*
86 *StA Hbg., 622-1/65 Lorenz-Meyer, C XII d 7.*
87 *Die folgenden Briefe von Henriette Meyer an ihren Ehemann Valentin Lorenz: StA Hbg., 622-1/65 Lorenz-Meyer, C XII c 1.*
88 *Deutsches Geschlechterbuch 209, S. 328.*
89 *Dazu Treplin, Familiengeschichten, S. 32: Henriette Meyer, geb. Sieveking, „war eine hochintelligente Frau, die sehr belesen war, wenn sie auch kaum eine Schule besucht hatte. Selbstverständlich sprach sie eine Reihe von Sprachen".*
90 *Deutsches Geschlechterbuch 209, S. 328.*
91 *Ebd. ist fälschlicherweise „kinderlos" vermerkt.*
92 *Treplin, Familiengeschichten, S. 39.*
93 *Fanny Stoltz, geb. Meyer, starb im Alter von 56 Jahren. Deutsches Geschlechterbuch 209, S. 316.*
94 *Treplin, Familiengeschichten, S. 42 f.*

[7]

Geschäfte und Aktivitäten in Brasilien bis um 1900

Zu Beginn des vorigen Kapitels wurde festgehalten, dass G. H. Stoltz und Fanny Meyer am 23. Februar 1875 in Hamm – seit 1871 Vorort und seit 1894 Stadtteil von Hamburg[95] – getraut worden waren. Dazu schreibt Fannys nächstjüngere Schwester Caroline (Lieze genannt, seit 1880 verheiratet mit Wilhelm Grönning): „Draußen lag Schnee, der Frühling ließ sich noch nicht merken. Der Abschied wäre sehr rasch erfolgt, wenn nicht das Eis die Fahrt des Dampfers verhindert hätte. Bis zur Abfahrt des nächsten Schiffes konnte noch eine kurze Reise gemacht werden. Mit der ‚Buenos Aires' verließ uns das junge Paar am 20. März. So schnell war die Tochter entschwunden, die unserer Mutter am nächsten stand. ‚Warum muß der Mann sich auch gerade die Beste herausholen', sagte Großmutter Sieveking grollend."[96] Ergänzend heißt es bei Tibeta Stoltz, die Jungverheirateten hätten sich auf der „Buenos Ayres" (das zweite Wort mit „y" geschrieben), „einem der ersten ‚Steamer' auf der Süd-Route, nach Rio de Janeiro" eingeschifft.

Zur Zukunft der Jungverheirateten in Brasilien erklärt Hermanns Enkeltochter Gerda Schuldt im Jahr 2002: „Großvater Stoltz machte etwas sehr Kluges. Er engagierte eine Hamburger Köchin, die mit dem gleichen Schiff auch für längere Zeit nach Rio reiste, damit sie im Hause Stoltz kochen sollte. Denn zu der Zeit gab es keine weißen Hausangestellten in Brasilien. Die Sklaverei war noch nicht abgeschafft. Die Hochzeit fand statt im Jahre 1873, glaube ich, und die Sklaverei wurde erst 1878 abgeschafft.[97] Es gab also nur schwarze Frauen für den Haushalt, die konnte man kaufen auf dem Sklavenmarkt. Dazu hatte Großvater Stoltz keine Lust. Und es war ja auch viel schöner für die junge Frau, wenn sie die von der mitgebrachten Hamburger Köchin zubereiteten Mahlzeiten essen konnte – statt der Mahlzeiten aus Bohnen und Reis, die die Schwarzen in Brasilien zusammenkochten."[98]

Weiter heißt es bei Tibeta Stoltz: „Am 16. April kamen sie in Rio an und zogen in ‚São Domingos de Nicteroy', wie es damals hieß, in ein Haus in der Rua Presidente Domiciano No 26. Drei Jahre später, im Februar 78, die ersten beiden Töchter waren schon geboren, zog die Familie in die Rua José Bonifacio No 24. Das Haus lag auf einem Hügel, umgeben von hohen Königspalmen, mit Blick auf Rio de Janeiro. Hier, auf der anderen Seite der Guanabara-Bucht, glaubte man sich besser vor dem Gelbfieber geschützt, das immer wieder in Rio grassierte."[99]

Der Verweis auf das Gelbfieber bietet Anlass, zumindest andeutungsweise einige

Gerda Schuldt, geb. Stoltz (1909–2004)

Merkmale aufzuzeigen, wie sie um 1875 für Brasilien, im Besonderen für Rio de Janeiro kennzeichnend waren. Wenn Hans und Harro Treplin erklären, dass Segler „die einzige Verbindung zwischen den Kontinenten für Menschen und Ladung" darstellten, so ist das nicht ganz zutreffend; es gab, wie soeben verdeutlicht, schon erste „Steamer", und der Dampfschiffverkehr wurde bald vorherrschend. Mit den Dampfern dauerte die Reise nicht mehr „drei Monate mit allen Entbehrungen, die die Passagiere auf sich zu nehmen hatten." Daran anschließend heißt es bei den Brüdern Treplin: „In der Stadt Rio de Janeiro herrschte das gelbe Fieber, so daß jeder zweite Europäer von dieser Seuche dahingerafft wurde. Hinzu kamen dann noch die Gefahren, die sich aus Trunk und Frauenverkehr ergaben. Ärzte gab es kaum. Wenn sich europäische Ärzte dorthin verirrten, so waren es meistens verkrachte Existenzen."[100]

Die Lebensbedingungen in Brasilien waren, aus heutiger mitteleuropäischer Sicht betrachtet, um 1875 in vieler Hinsicht abenteuerlich und eben auch gefährlich. Es ist begreiflich, dass Henriette Meyer der Zukunft ihrer Tochter Fanny nicht ohne Sorge entgegenblickte. Nur mit einem einzigen Satz, dabei auch in der Formulierung heutzutage nicht mehr zu akzeptieren, streifen die Brüder Treplin ein weiteres wichtiges Merkmal: „Es war noch die Zeit des urigen Koloniallebens mit Sklaven usw."[101] Der Historiker Hans-Joachim König geht auf das Problem der Sklaverei in Brasilien näher ein. Er registriert für die Zeit von 1871 bis 1889 eine Phase der politischen „Instabilität durch Anwachsen von Republikanismus und Abolitionismus". Am 28. September 1871 erließ Dom Pedro II., ein Gegner der Sklaverei, das „Gesetz des freien Leibes, Lei do ventre libre", das jedoch nur ein erster Schritt hin zur Sklavenbefreiung war. „In den folgenden Jahren entbrannten um die völlige Freilassung der Sklaven harte parteipolitische Kämpfe". Erst am 13. Mai 1888 kam es zur vollständigen Befreiung der Sklaven: „Während eines Aufenthaltes von Dom Pedro II. in Europa unterzeichnet seine Tochter Isabel, die zwischenzeitliche Regentin, das ‚goldene Gesetz' (Lei Aurea), das mit einem Schlag alle 700 000 Sklaven Brasiliens ohne Entschädigung für die Pflanzer befreit."[102]

Noch ein drittes Merkmal wird von den Brüdern Treplin angesprochen: Die die

Stadt Rio de Janeiro „umgebenden Sümpfe wurden durch das Übergießen mit Petroleum von den Moskitolarven befreit. Große Durchbrüche durch das Gewirr der alten Stadt schafften Luft und Durchzug. Alte Gebäude wurden rücksichtslos niedergerissen. Der Erfolg war dann der, daß Rio zu einer der gesündesten Städte Brasiliens wurde.“[103] Wieweit dieses Fazit für die Jahre um 1875 zutrifft, sei offengelassen. Auf die Gegenwart bezogen ist es entschieden zu optimistisch. Die Weltgesundheitsorganisation rät 2017 zur Impfung: „Die Gelbfiebererkrankung endet jährlich in etwa 60.000 Fällen tödlich. In Rio de Janeiro ist die Ansteckungsgefahr hoch.“[104]

Zu den Umbau- und Erweiterungsmaßnahmen im Stadtkern von Rio äußert sich ausführlich auch Tibeta Stoltz, und zwar konkret bezogen auf das Gebäude der Firma, in der G. H. Stoltz angefangen und bald wachsenden Erfolg gehabt hatte: „Das Geschäftshaus der Firma Brandes, Kramer & Ferreira lag in der Innenstadt von Rio de Janeiro, an der engen, alten ‚Rua do Rosario‘. Als die Firma sich ausdehnte und das Gebäude zu klein geworden war, hatte man noch das Haus und Grundstück dahinter erworben. Die Brandmauer, die die beiden schmalen Häuser in der Tiefe trennte, wurde durchbrochen. Damit hatte das langgestreckte Firmengebäude, nun war es die Firma Herm. Stoltz, noch eine zweite Straßenfront zur Rua General Camera.

Anfang des [20., HJS] Jahrhunderts wurde durch das Zentrum von Rio de Janeiro, das noch aus der Kolonialzeit stammte, eine Schneise gebrochen. Für die aufkommenden Autos war alles viel zu eng geworden. Geplant war eine mit Bäumen bestandene Prachtstraße, vom Hafen bis nach Botafogo. Der Durchbruch legte eine der langen Seiten des alten Firmengebäudes frei, die angrenzenden Nachbarhäuser wurden abgerissen. Die Firma hatte gute Jahre, so beschloß man, neu zu bauen. Die Pläne für das Haus kamen natürlich aus Deutschland. Von 1903 bis 1906 entstand an der alten Stelle ein neues stattliches Gebäude im Gründerstil, mit 52 Metern Front, zur neuen Hauptstraße, mit der neuen Adresse: Avenida Rio Branco 66/74. An die großzügige Halle und den Treppenaufgang in der Mitte des Gebäudes kann ich mich noch gut erinnern.“[105]

Nähere Aufschlüsse zur Modernisierung von Rio de Janeiro gewinnt man auch bei Heinrich Hinden. Ihm zufolge begannen die Sanierungsmaßnahmen 1905 und dauerten Jahre. „Die engen Strassen des Geschäftsviertels, die alle westöstlich vom Innern zum Hafenufer streben, bzw. in die alte Rua Direita, heute Primeiro de Março, münden – sie wurden alle rücksichtslos im rechten Winkel durchschnitten von der neuen Avenida Central, viermal so breit als jene, von Wasser zu Wasser führend, und so gewissermaßen ein Stück des Geschäftsviertels vom Innern der Stadt abschneidend. – Hunderte von Besitztümern mussten zu diesem Zwecke enteignet werden.“ Der Schnitt durch das Herz der Stadt traf unmittelbar auch das Haus Hermann Stoltz & Co., nahm ihm ein Teil seines Besitzes, verschaffte ihm dafür „lange, wundervolle Stirnseiten an der Avenida Central,“ sodass das „Gebäude heute [um 1920, HJS] noch ein Schmuck des Geschäftsviertels der brasilianischen Metropole“ ist „und zugleich ein jedem Fremden auffallendes Zeichen deutscher Tätigkeit in Rio de Janeiro“.[106]

Ausflug der Firma Brandes, Kramer & Ferreira zu einer Bananenplantage in der Umgebung von Rio de Janeiro (um 1880). Obere Reihe rechts: G. Hermann Stoltz

Avenida Rio Branco, Rio de Janeiro

Hauptfassade des Edificio Herm. Stoltz & Cie. nach der Fertigstellung des Neubaus, Avenida Central, Rio de Janeiro (1906)

Eingangsbereich des Neubaus Herm. Stoltz & Cie., Rio de Janeiro (1906)

Mit der oben gemachten beiläufigen Bemerkung „nun war es die Firma Herm. Stoltz" wird (im Geschlechterbuch) auf eine entscheidende Veränderung in der kaufmännischen Karriere von Georg Hermann Stoltz hingewiesen. „Durch Einschuß seines Erbteils" war er bald zum Hauptinhaber der Firma Brandes, Kramer & Ferreira aufgestiegen. „1884 erfolgte die Umbenennung in Firma ‚Herm. Stoltz & Co'. Gleichzeitig gründete er in Hamburg die Firma ‚Herm. Stoltz & Cie', anschließend Filialen in São Paulo und Recife, Pernambuco, sowie Vertretungen in anderen wichtigen Städten Brasiliens."[107]

Bei Tibeta heißt es dazu: „Im Laufe der Jahre hatte sich bei Brandes, Kramer & Ferreira einiges verändert, ein Firmenpartner hatte sich zurückgezogen, ein anderer starb. Nicht ganz zwanzig Jahre nach seiner Ankunft in Brasilien, Georg Hermann Stoltz war inzwischen Hauptinhaber der Firma geworden, wurde die Firma Brandes, Kramer & Ferreira 1884 in Herm. Stoltz & CIE umbenannt und gleichzeitig das Einkaufshaus in Hamburg gegründet. (Am 4. August 1905 wurde Herm. Stoltz & CIE unter der Nummer ‚HRA 1521' im Handelsregister des Amtsgerichts Hamburg, als Offene Handelsgesellschaft, eingetragen.) Acht Jahre

Haupt-Kontor der Firma Herm. Stoltz & Cie., Rio de Janeiro (vor 1921)

später, 1892, kam die Filiale in São Paulo dazu."[108]

Das Jahr 1884 muss als ein Wende- und Schlüsseljahr sowohl für G. H. Stoltz persönlich als auch für die Geschichte seiner Firmen angesehen werden. Mit der Gründung einer eigenen Firma zum einen in Rio de Janeiro und zum anderen in Hamburg entstand eine Klammer zwischen Brasilien und Hamburg, die es schwer, wenn nicht unmöglich macht, einen Schwerpunkt der Geschäftstätigkeit entweder in Brasilien oder in Deutschland zu sehen. Der Schwerpunkt der Geschäftstätigkeit lag in der über lange Jahre hin unauflöslichen Verbindung der beiden Länder bzw. der beiden Kontinente Südamerika und Europa. Sinnfällig wird die solchermaßen geschaffene Einheit im Blick auf zwei Porträtfotos, die Georg Hermann Stoltz in einem fast identischen Aussehen zeigen – aber einmal aufgenommen in Rio de Janeiro, das andere Mal aufgenommen in Hamburg.[109]

Die Unauflöslichkeit der Beziehungen zwischen Brasilien und Hamburg macht es erforderlich, immer wieder die Blickrichtung zu wechseln; es ist nicht möglich, sich erst der einen und danach der anderen Seite zuzuwenden. Was in Brasilien an Geschäften getätigt wird, ist gebunden an Weisungen aus Hamburg, oder umgekehrt, was in Hamburg an Geschäften angebahnt wird, ist gebunden an Direktiven aus Brasilien. Hinzu kommen zwei weitere Charakteristika, die

G. Hermann Stoltz, Hamburg (1884)

G. Hermann Stoltz, fotografiert in Hamburg

G. H. Stoltz, Rückseite des Hamburg-Fotos

es erschweren, das deutsch-brasilianische Geschäfts-Ineinander übersichtlich darzustellen: Zum einen erstreckten sich die Geschäftstätigkeiten über Jahrzehnte hinweg: Im Jahr 1934 feierten die Firmen in Brasilien und Deutschland das fünfzigjährige Jubiläum. (Die Festschrift, die aus diesem Anlass erschien, ist, wie erwähnt, nicht auffindbar.) Ein Jahr später, 1935, wurde G. H. Stoltz neunzig Jahre alt. Zum anderen entwickelten die Stoltzschen Firmen eine ungeheuer weitgespannte, vielfältige Tätigkeit. Als Außenstehender ist man geneigt zu sagen, es gab fast so gut wie nichts, womit die Firmen nicht gehandelt haben, woran sie nicht in Geschäften beteiligt waren. Weitaus am ausführlichsten werden die verzweigten Aktivitäten von Tibeta Stoltz beschrieben; es ist daher immer wieder geboten, sie umfassend zu zitieren.

Zunächst seien zwei Resümees nebeneinandergestellt, wie sie einmal im Geschlechterbuch in einer Einführung zur Familie Stoltz und zum anderen in der Firmengeschichte von Tibeta erscheinen: „G. Hermann Stoltz baute, gestützt durch außerordentlichen Geschäftssinn, gepaart mit einem ebenso guten Umgang mit Menschen, das ursprünglich kleinere Importhaus zu einem bedeutenden Unternehmen im deutschbrasilianischen Handel aus. ‚Mit dem Auf-

G. Hermann Stoltz, *fotografiert in Rio de Janeiro*

G. H. Stoltz, Rückseite des in Rio de Janeiro aufgenommenen Fotos

stieg des Deutschen Reiches 1870/71 nahm die Firma eine Entwicklung, die sie', wie das Hamburger Fremdenblatt in seiner Ausgabe vom 11. November 1925 schreibt, ‚zu einem der angesehensten Häuser in Brasilien – ja, in ganz Südamerika machte': Der Gruppe wurden zahlreiche Vertretungen namhafter deutscher und brasilianischer Industriefirmen, Agenturen für Schiffahrt, wie beispielsweise ab dem 7. 7. 1877 über 50 Jahre lang die Generalvertretung des Norddeutschen Lloyd, Bremen, übertragen."[110]

Tibeta Stoltz schreibt: „Mit der Gründung des Hamburger Einkaufshauses waren die Weichen für die kommende Zeit gestellt. Diese feste Verbindung mit Deutschland machte den Erfolg der Firma in den folgenden Jahren möglich. Auf der einen Seite sicherte und erleichterte die Niederlassung die Zusammenarbeit über den Atlantik, auf der anderen Seite zwang es den Senior zu unendlich vielen Reisen. Seine persönliche Anwesenheit war immer wieder erforderlich."[111]

Das Jahr 1884 wurde schließlich in einer weiteren Hinsicht zu einem Schlüsseljahr: Die Familie Stoltz mit den Eltern G. Hermann und Fanny sowie mit fünf Kindern kehrte nach Hamburg zurück – sie verlegte, so kann man sagen, ihren Hauptwohnsitz

G. Hermann Stoltz

zurück nach Deutschland. Dazu wird später Näheres erklärt.

Zu den zahlreichen verschiedenartigen Unternehmungen, mit denen die Firmen Stoltz sich befassten, zählten beispielsweise, wie soeben erwähnt, Engagements in der Schifffahrt, und zwar vielfach im Zusammenhang mit Versicherungsgeschäften. Schifffahrt und Versicherung, so Tibeta, gehörten zusammen; als Drittes kam die Übernahme des Havarie-Kommissariats hinzu. Vertreter der Hamburger Firma waren bevollmächtigt, bei Schiffsunfällen und -beschädigungen den Schadenswert festzustellen. Das heißt, die Firma Herm. Stoltz & Cie wurde im Lauf der Jahre und dann über Jahrzehnte hin Agent für diverse internationale Versicherungsgesellschaften. Versicherung war und blieb ein Steckenpferd von G. Hermann Stoltz.

Schon sehr früh wurde auch erkannt, dass man in Brasilien eine Industrie aufbauen müsse. „Die erste Tätigkeit für eigene Rechnung war das Abpacken französischer Butter. Sie kam in Holzfässern und wurde in der sogenannten ‚Butterfabrik', in der Nähe des Hafens von Rio, in kleinere, lithographierte Weißblechdosen umgefüllt. Sicher war sie gesalzen, sonst hätte sie die Reise und die Wärme nicht überstanden." Diesem Unternehmen schloss sich eine Reihe weiterer industrieller Betätigungen an.[112]

Es folgt eine längere Passage aus der Darstellung von Tibeta Stoltz: „1884 (bis 1944) beteiligte sich die Firma Herm. Stoltz an der Gründung der Dannemann-Zigarrenfabriken in Bahia, in São Felix,[113] Muritiba und Maragogype, später auch vorübergehend an der Zigarrenfabrik Stender & Cie. Die Cia de Charutos Dannemann entstand am Ufer des Rio Parnaguá, der in die Bahia de Todos os Santos mündet. Mehrmals trat der Fluß über die Ufer und beschädigte die Tabakballen, bis man auf die Idee kam, einen drei Meter hohen Hängeboden einzuziehen, um bei Gefahr den Tabak retten zu können, denn die einmal naß gewordenen Ballen waren unbrauchbar. Die Herstellung der Zigarren war damals, und noch eine lange Zeit danach, hauptsächlich Handarbeit. In den Speichern am Fluß wurden die Tabakballen, die von den Kleinbauern kamen, geöffnet und die Tabakblätter nach Länge sortiert und danach gepreßt. (…) Die weitere Verarbeitung geschah meist in Heimarbeit. Zuerst mußte der Tabak entrippt werden. Die entrippten Blätter wurden angefeuchtet, besonders schöne als Deckblätter verwendet und mit dem Rest zu Zigarren verarbeitet. Handarbeit war zuverlässiger als die der Maschine. Eine Zigarrenmacherin drehte zwischen 70 und 300 Zigarren am Tag, je nach Form und Größe der Zigarren. Weitgehend wurden sie mit den bloßen Händen auf dem Oberschenkel gerollt, nur die billigen Sorten wurden, nachdem sie das erste Deckblatt bekommen hatten, in einer Form gepreßt. Nach einiger Zeit färbte das Nikotin die Haut der Frauen gelb. Das war sicher keine gesunde Arbeit, doch sie brachte Geld."[114]

Warum Tibeta sich so eingehend mit der Zigarrenherstellung befasst, ist nicht ganz ersichtlich, doch ihre Beschreibung unterstreicht die Buntheit und Vielfalt der Aktivitäten, in die die Stoltz-Firmen involviert waren. Immerhin erfahren die Beschreibungen Tibetas in einer Untersuchung aus dem Jahr 1908 eine Art Bestätigung: „Die bedeutendsten Zigarrenfabriken Brasiliens befinden sich in São Felix und Cachoeira (im Staate Bahia) sowie in Rio Grande do Sul (...). Die älteste und größte Fabrik ist die im Jahre 1873 gegründete von Dannemann & Co, São Felix, welche den Zigarrenmarkt Brasiliens (...) jahrelang beherrschte."[115]

Ein anderes Gebiet auf dem Genussmittelsektor, das für Stoltz Bedeutung erlangte, behandelt Tibeta Stoltz kursorischer: „Eine Beteiligung bei der Bierbrauerei Brahma brachte die Konzession für den Bier-Verkauf. Hauptsächlich nach Recife in Nord-Brasilien war das ein gutes Geschäft. Es führte 1910 zur Gründung einer eigenen Niederlassung in Recife mit Grundbesitz und Gebäude. Pernambuco liegt nahe an dem Äquator, dort ist es immer heiß. Beim Entladen der Schiffe ließen die Stauer bestimmt auch schon damals, wie noch heute, ein paar Kisten mit Bierflaschen absichtlich fallen. Was dann herauslief und unter Jubel in die Kehlen der Männer floß, mußte die Versicherung zahlen."[116]

Dazu heißt es bei Eduard Dettmann in der eben erwähnten Studie von 1908 zur Situation in Brasilien: „Die Leitung der größeren Brauereien ist in deutschen Händen, und zwar sowohl die technische wie die kaufmännische, auch alle wichtigeren Stellungen sind fast ausnahmslos mit Deutschen besetzt, so daß man die Brau-Industrie Brasiliens fast als eine ins Ausland ausgewanderte deutsche bezeichnen kann." Dabei hat die Brau-Industrie „die Kapitalkraft allerersten deutscher, in Brasilien etablierter Häuser (Hermann Stoltz & Co, Rio de Janeiro (...)) für ihre Unternehmungen zu interessieren gewußt".[117]

Zusätzliches zu den Beziehungen zwischen Hermann Stoltz und der Brahma-Brauerei ist einer neueren Untersuchung aus dem Jahr 2005, verfasst von Edgar Helmut Köb, zu entnehmen. Im Blick auf die Stadtentwicklung von Rio de Janeiro erfährt man bei ihm zunächst: „Rios Bevölkerung war zwischen 1821 und 1872 von etwa 113.000 auf knapp 275.000 Personen angestiegen und erreichte 1890 knapp 523.000 Einwohner." Im Jahr 1920 lebten 1.147.599 und genau zwanzig Jahre später 1.759.277 Menschen in Rio de Janeiro. (In den Jahren 1872, 1890, 1920 und 1940 hatten jeweils Volkszählungen stattgefunden.)[118] Eine stetig und rapide wachsende Bevölkerung führte, versteht sich, zu einem ständig steigenden Getränkekonsum. Auf dem Markt der Biergetränke kam es dabei zu einer Verschiebung: Englisches Fassbier wurde in der zweiten Hälfte des 19. Jahrhunderts in Rio zunehmend durch deutsches, im untergärigen Brauverfahren hergestelltes Flaschenbier verdrängt. Es begründete „den weltweiten Ruf Deutschlands als bedeutende Brauereination".[119] Anfang des 20. Jahrhunderts zählte die Brauereiindustrie „zu den am weitesten entwickelten Wirtschaftszweigen Brasiliens. Ihre Technik stammte aus Europa und den USA und war auf dem neuesten Stand."[120]

MIT seinem Gespür für aufstrebende, expandierende Industrien hatte Georg Hermann Stoltz erkannt, dass der Einstieg in das Brauereigeschäft gewinnversprechend war. Im Jahr 1894 übernahm ein gewisser Georg Maschke, über den nur wenig bekannt ist, die 1888 in Rio eingerichtete Brahma-Brauerei.[121] Bei Köb heißt es dann: „1897 begann die Brauerei Maschkes über die Firma Hermann Stoltz & Co., Rio de Janeiro – ein Tochterunternehmen eines Hamburger Handelshauses gleichen Namens – ihre Biere über See in andere Gliedstaaten der brasilianischen Union zu exportieren. Darüber hinaus besorgte die Handelsfirma, die auch einen Anteil am Gesellschaftskapital der Brauerei hielt (...), auch deren Rohstoffeinkäufe in Europa."[122] Im Jahr 1907 gehörte die Firma Herm. Stoltz & Co zu den zehn größten Aktionären der Brahma-Brauerei mit einem Anteil von 6,05 % des Aktienpakets.[123] Ein Jahr vorher war Georg Maschke aus der Brahma-Firma ausgeschieden. Nach seinem Rücktritt „wählte die Aktionärsversammlung Johannes Künning, der zuvor in leitender Funktion bei Hermann Stoltz & Co., Rio de Janeiro, tätig war, zum neuen Präsidenten Brahmas. Vorsitzender des Aufsichtsrats wurde der Geschäftsführer von Hermann Stoltz & Co., Heinrich Hölck. Johannes Künning leitete Brahma bis 1938.

1907 kam es zum Bruch mit Künnings ehemaligem Arbeitgeber, weil Hermann Stoltz und Co. jahrelang entgegen den Abmachungen Brahmas Rohstoffbezüge in Europa zu erhöhten Preisen abgerechnet hatte."[124]

NÄHERES zu den Umständen, die zu dem Bruch führten, ist bei Köb nicht zu erfahren. Tibeta Stoltz schreibt ergänzend, dass 1908 ein „umfangreicher Prozeß gegen die Bierbrauerei Brahma geführt" wurde. „Er endete mit einem Vergleich. Danach wurde der Anteil an Aktien als Auszahlung an Herrn Künning überschrieben. Über die Jahre hat die Firma [Hermann Stoltz & Co, HJS] in Rio, São Paulo und Recife immer wieder das Glück gehabt, wirklich gute Rechtsanwälte zu finden. Sie haben auch in schweren Zeiten Treue und Freundschaft bewiesen."[125] Zu juristischen Auseinandersetzungen kam es ziemlich genau zur selben Zeit auch in Hamburg; darüber wird an späterer Stelle berichtet.

NEBEN den Beteiligungen an den Firmen Dannemann und Brahma war Hermann Stoltz mit weiteren Unternehmen der langsam aufstrebenden brasilianischen Industrie verbunden. Von großer Bedeutung war die Beziehung zur Textilfabrik Hering, dem größten Textilunternehmen in Blumenau – einer Siedlung (heute eine große Stadt), die Mitte des 19. Jahrhunderts der aus dem damaligen Herzogtum Braunschweig stammende Apotheker Hermann Blumenau gegründet hatte.[126] Daneben sei noch einmal daran erinnert, dass die Rio-Zentrale der Firma Stoltz jahrzehntelang die Generalagentur für die Reederei des Norddeutschen Lloyd besaß.[127] In einem Artikel der Iberoamerikanischen Rundschau, im November

G. Hermann Stoltz in seiner Firma Herm. Stoltz & Co., Hamburg (1906). Im Hintergrund eine Ansicht von Rio de Janeiro

1935 in Hamburg erschienen, wird außerdem darauf verwiesen, dass seit jüngerer Zeit das Zweighaus Stoltz in Pernambuco über die Hauptagentur der Hamburg-Süd Schiffsreederei für Nordostbrasilien verfügte.[128]

Bei allen Geschäften, die G. Hermann Stoltz auf den Weg brachte, war ein guter Kontakt zu Banken, die beispielsweise Kredite gewährten, von ausschlaggebender Bedeutung: „Eine persönliche Freundschaft verband Hermann Stoltz mit einer großen Reihe einflußreicher Männer seiner Zeit. Einer von ihnen war der damals bedeutende englische Bankier Baron Bruno Schroeder, Chef von J. Henry Schroeder & Co. in London. Er hat in guten und bösen Tagen immer, auch später, zu Rudolf Hans Stoltz gestanden. Diese Bankbeziehung sollte über hundert Jahre halten. Sie hat das Überleben in der Weltwirtschaftskrise in den dreißiger Jahren ermöglicht. Englische und amerikanische Banken sind, im Gegensatz zu ihren deutschen Kollegen, immer großherzig und verständnisvoll gewesen.

Auch die gute Zusammenarbeit mit der Firma M. M. Warburg in der Person des Herrn Max Warburg ist zu erwähnen. Sie hielt bis zu seinem Nachfolger.“ Dr. Rudolf Brinkmann habe persönlich schon mit G. Hermann Stoltz, dann mit dem Sohn Rudolf Hans Stoltz und schließlich mit dem Enkel Hans-Ulrich Stoltz Finanzierungen für die Firma Herm. Stoltz vorgenommen.[129] Sicherlich hatte die stabile einvernehmliche Beziehung zu den genannten Banken auch damit zu tun, dass der Gründer der Londoner Schroeder-Bank aus Hamburg stammte und die Warburg-Bank ihren Sitz in Hamburg hatte. Denn im brasilianischen Geschäftsleben war das Verhältnis zwischen Engländern und Deutschen eher angespannt: „Bis 1900 hatte die Firma, trotz mancher Aufregungen, eine gleichmäßig gute Zeit, danach kam ein kometenhafter Aufstieg. Es waren wohl eine Reihe ganz verschiedener Faktoren, die zu dem großen Erfolg der Firma beitrugen. Die Gründung und Erstarkung des deutschen Reiches und seiner Wirtschaft und Industrie, sowie der Rückgang der englischen Konkurrenz in Brasilien. Die Engländer waren mit ihren eigenen Kolonien beschäftigt."[130]

95 *Tilgner, Hamm.*
96 *Treplin; Grönning, Meyer, S. 47 f.*
97 *In der Angabe des Heiratsdatums ist Gerda Schuldt nicht ganz genau; statt „1873" gilt „1875". Zur vollständigen Sklavenbefreiung kam es erst 1888. Siehe unten S. 52.*
98 *Schuldt, Aus dem Leben.*
99 *Stoltz, Reise, S. 2.*
100 *Treplin, Familiengeschichten, S. 42.*
101 *Ebd.*
102 *König, Geschichte Brasiliens, S. 197, 200 f. Dazu auch Börner, Brasilien, S. 6.*
103 *Treplin, Familiengeschichten, S. 42. Vgl. Dettmann, Aufschwung, S. 298: Der baulichen Umgestaltung der Stadtanlage Rios „ging eine zielbewußte, geradezu glänzend durchgeführte Bekämpfung" von Moskitos voraus. „Von einer zu dem Zwecke besonders organisierten Sanitätskolonne wurde jedes stehende Wasser untersucht, jeder Wassertümpel vernichtet und jene gefährlichen Insekten in Rio nahezu ausgerottet."*
104 *WHO rät bei Reisen nach Rio de Janeiro zu Gelbfieberimpfung (https://www.derwesten.de/reise/who-raet-bei-reisen-nach-rio-de-janeiro-zu-gelbfieberimpfung-id210188775.html; Stand: 28. Juni 2018).*
105 *Stoltz, Reise, S. 6. Zur Stadtsanierung kurz nach 1900 in Rio de Janeiro siehe auch Köb, Brahma-Brauerei, S. 9 f.*
106 *Hinden, Deutsche, S. 435.*
107 *Deutsches Geschlechterbuch 209, S. 281.*
108 *Stoltz, Reise, S. 3.*
109 *Für den Hinweis auf die Bedeutung der Fotos danke ich Sylk Schneider.*
110 *Deutsches Geschlechterbuch 209, S. 281 f.*
111 *Stoltz, Reise, S. 3.*
112 *Ebd., S. 3 f.*
113 *„Die Fabrik wurde von dem in Bremen geborenen Unternehmer Geraldo Dannemann gegründet, der 1872 im Alter von 21 Jahren nach Brasilien ausgewandert war. 1873 eröffnete er in der dortigen Kleinstadt São Félix eine Zigarrenfabrik." Dannemann (Zigarren) (https://de.wikipedia.org/wiki/Dannemann_(Zigarren); Stand: 28. Juni 2018).*
114 *Stoltz, Reise, S. 4.*
115 *Dettmann, Aufschwung, S. 255. Siehe dazu auch unten S. 128 ff.*
116 *Stoltz, Reise, S. 4.*
117 *Dettmann, Aufschwung, S. 257.*
118 *Köb, Brahma-Brauerei, S. 19, 21.*
119 *Ebd., S. 69.*
120 *Ebd., S. 11.*
121 *Ebd., S. 91 f.*
122 *Ebd., S. 93.*
123 *Ebd., S. 105.*
124 *Ebd., S. 97.*
125 *Stoltz, Reise, S. 7.*
126 *Vgl. dazu König, Geschichte Brasiliens, S. 200.*
127 *Deutsches Geschlechterbuch 209, S. 281 f.*
128 *Gedenkbuch „11. November 1935".*
129 *Stoltz, Reise, S. 3.*
130 *Ebd., S. 4.*

[8]

Engagement in der Gesellschaft Germania

Lange bevor G. H. Stoltz nach Südamerika gelangte, im Sommer 1821, kam es in Rio de Janeiro zur Gründung einer Gesellschaft, die dem „Wunsch eines Vereinigungspunctes" der Deutschen in Brasilien gerecht werden sollte. Um den Zusammenhalt insbesondere deutscher Geschäftsleute untereinander zu stärken, um Austausch und gegenseitige Hilfe zu ermöglichen, wurde die Germania als stabile Organisation mit festen Statuten ins Leben gerufen. Die Befürchtung der Regierung Brasiliens, eine „der geselligen Unterhaltung gewidmete, geschlossene Gesellschaft" könnte Anstoß oder Verdacht erregen, erwies sich als unbegründet. „So kam es, dass im August 1821, in einer Versammlung einiger der angesehenen Deutschen in dieser Stadt, diese Idee weiter gefördert, und die Grundlagen dieser Gesellschaft festgesetzt wurden, der sich viele andere, Deutsche sowohl als deutsch Redende anderer Nationen, gern anschlossen."[131]

Zum hundertjährigen Bestehen der Germania, also 1921, hat Heinrich Hinden ein „Kulturbild" mit dem Titel „Deutsche und Deutscher Handel in Rio de Janeiro" verfasst, das in seiner Detailliertheit auf 525 Seiten wichtige Aufschlüsse darüber liefert, was Georg Hermann Stoltz teils neben, teils in direkter Verbindung mit seinen Geschäften in Rio unternahm. Hinden nennt in zahlreichen Listen nicht nur immer wieder die Namen der Mitglieder, er beschreibt auch im Einzelnen, wer sich wofür einsetzte und welchen Tätigkeiten die Beteiligten nachgingen. Insgesamt entwirft er die Geschichte eines weitgespannten Netzwerks im Wandel mehrerer Generationen.

Im 9. Kapitel, das dem Zeitraum 1864–1870 gilt, kommt er auf verschiedene neue Mitglieder der Gesellschaft zu sprechen und fährt dann fort: „Weiterhin fand sich im Mai des Jahres 1867 Herr Georg Hermann Stoltz aus Lüneburg ein, unter dessen Leitung und Namen sich nachmals eins der bedeutendsten Handelsunternehmen Brasiliens entwickelte." Bereits acht Monate nachdem Hermann Stoltz in Rio de Janeiro angekommen war, wurde er Mitglied der Germania, und zwar, wie sich bald zeigen sollte, ein besonders aktives. Eingeführt wurde er unter anderem von Herrn Carl Brandes, einem der Chefs, unter denen er arbeitete.

Weiter erklärt Hinden: „Im Laden, oder wie man in Rio auch heute noch sagt, im ‚Store' von Brandes, Kramer & Co. machte sich der neue Stern einen vorteilhaften Namen. Portugiesisch lernte er in unglaublich kurzer Zeit und verstand es, den Ton der Kunden zu treffen. So verliessen sie ihn selten, ohne etwas zu kaufen, ja, oft genug kauften sie viel mehr, als sie vorhatten, dank der Geschicklichkeit des jungen Mannes, der bald den Ruf eines ‚menino de futuro' genoss."[132] Die Kennzeichnung eines „zukunftsreichen Jungen" war bereits von Tibeta Stoltz festgehalten worden, die damit zweifellos auf das Werk von Hinden als Primärquelle zurückgriff (vgl. oben S. 26).

Die Germania verfügte über zwei wichtige Einrichtungen: Zum einen gehörte zu ihr eine „Schule des Hilfsvereines" – ein Institut, auf das Hinden immer wieder zu sprechen kommt, das aber für Hermann Stoltz selbst keine Bedeutung hatte. Da letzterer, der offensichtlich zeit seines Lebens ein klares Bewusstsein von der Notwendigkeit fundierter Ausbildung und Bildung besaß, für die Erziehung seiner Kinder in Deutschland sorgte, ist es aufschlussreich zu erfahren, was Hinden über das Schulwesen in Brasilien sagt: Es wäre zu begrüßen gewesen, wenn „die Regierung Dom Pedros (…) für Bildung und Wissenschaft im Lande selbst hätte sorgen können (…). Aber das muss – trotz D. Pedros bekanntem Interesse für Unterricht – nicht möglich gewesen sein, denn in ganz Rio existirten nur 26 Elementarschulen mit zweitausend Schülern, während mehr als hundert Privatschulen ihre Weisheit denen verzapften, die sie haben wollten. An Schulzwang war wohl damals nicht zu denken, nicht einmal in Rio selbst. Unter den Privatschulen gab es einige mit deutschen Namen, worunter die Schule des Hilsvereines die Hauptrolle spielte ."[133]

Zum anderen besaß die Germania eine „stattliche und stadtbekannte Bibliothek".[134] Im Vereinsjahr 1870/71 verfügte sie über einen eigenen Bibliothekar, nachdem diese Stelle in den Jahren zuvor gleichzeitig mit der eines Sekretärs verknüpft war. Den Bibliothekarsposten übernahm Hermann Stoltz, womit er neben einem Präsidenten, einem „Kassirer", einem „Secretär" und einem Hauswart zum Vorstand der Germania gehörte.[135] Die Sekretärsstelle hatte ein Herr namens J. A. Mutzenbecher aus Hamburg inne, ein Verwandter des Hamburger Versicherungsunternehmers Hermann Franz Matthias Mutzenbecher, der später als Mäzen der Hamburgischen Wissenschaftlichen Stiftung Bedeutung gewann.[136] Es versteht sich, dass die Germania vor allem eine Begegnungsstätte für Deutsche war, insbesondere für Deutsche des „gehobenen" Bürgertums. J. A. Mutzenbecher , ein von Hinden oft genanntes aktives Mitglied der Germania, gehörte beispielsweise zu einer „Hauskommission", die sich 1870 im Zuge einer Reform der Germania, mit der das National-Deutsche starker betont werden sollte, „energisch der Suche nach einem passenden Lokale widmete".[137] Der Verweis auf Mutzenbecher verdeutlicht einmal mehr, wie sich zwanglos oder auch zwangsläufig Kontakte herstellten – die Gesellschaft Germania war vor allem eine Kontaktbörse.

Neben J. A. Mutzenbecher kam Hermann Stoltz auch mit Gustav Diederichsen in Berührung, der um 1875 Chef der Firma Theodor Wille & Co. in Rio war. Die Firma Theodor Wille & Co. besaß dort den gleichen Rang wie die Firma Hermann Stoltz & Co., sie wird in der Darstellung Hindens ständig erwähnt, wie auch der Name Gustav Diederichsen, der bereits 1872 im Hilfsverein der Germania zu finden war und der als „überaus geschickter Mann" galt.[138] Diederichsen darf hier nicht unerwähnt bleiben, weil er zu den Mäzenen gehörte, die wie G. Hermann Stoltz oder H. F. M. Mutzenbecher 1907/08 großzügig Geld zur Gründung der Hamburger Universität spendeten.[139]

Im November 1869 trat August Stoltz, Hermanns ältester Bruder, in die Germania ein. Im Unterschied zu letzterem kümmerte er sich um den Hilfsverein: „In der Germania trat er selten hervor, trotzdem er ihr 17 Jahre angehörte. In der stillen Tätigkeit des Hilfsvereins fand er mehr Befriedigung, denn dessen Akten melden ihn lange Jahre als Mitglied des Vorstandes." Im April 1885 verließ er Rio für immer und nahm seinen Wohnsitz in Hannover, wobei er weiterhin Teilhaber von Roth, Schanz & Co. blieb.[140]

Der Bibliothek der Germania ließ Hermann Stoltz, wie Hinden schreibt, „seine energische Fürsorge angedeihen (...). Er bearbeitete unter anderm einen neuen Katalog, der bald fertig und zu drei Milreis[141] verkauft wurde. Dann liess er eine Menge Bücher neu einbinden, unbrauchbare ausmerzen und neue Zeitungen bestellen. Auf der englischen Post, die wegen der Regelmässigkeit ihrer Dampferfahrt immer die Beste blieb, mieteten sie eine ‚Box' für ankommende Briefe und Zeitungen."[142]

Ein Pfarrer namens Dr. Gruel hielt in der Germania von Zeit zu Zeit Vorlesungen über Kulturgeschichte. Er war ein freisinnig denkender Mann, der „seine Herde nicht mit abstrakten Glaubensformeln" quälte. Es war schwierig, „das, nur schwach glimmende, Interesse an Kirchenangelegenheiten nicht ganz erlöschen zu lassen. 1875 zum Beispiel wollte niemand in den Gemeindevorstand gewählt werden. In der schwach besuchten Versammlung – das ist vielleicht bemerkenswert – fand sich aber doch ein junger frischer Kaufmann ein, dessen Anwesenheit nicht mystischer Neigung, sondern ehrlichem Interesse für das Wohl der Gemeinde zu verdanken war: Hermann Stoltz."[143] Mit einiger Wahrscheinlichkeit war es auch dem Einfluss Fannys zu verdanken, mit der er am 16. April 1875, bald nach seiner Heirat, in Rio de Janeiro angekommen war, dass er sich in den Gemeindevorstand wählen ließ.

Das Jahr 1876 brachte trotz allgemeiner schlechter Geschäftslage für die Germania gute Einnahmen. Zu Gunsten der Bibliothek wurde nicht gespart. „Rimessen[144] von mehreren Contos de Reis für neue Bücher waren an der Tagesordnung. Dies alles, trotzdem viel mehr Herren aus- statt eintraten, wogegen Hermann Stoltz eine Statutenänderung vorschlug: die jüngeren Herren sollten im ersten Jahre kein Eintrittsgeld zahlen und später nur die Hälfte. (...) Um das Leben in der Germania anziehender zu gestalten und dadurch auch der Gesellschaft mehr Mitglieder zu bringen, stellte Hermann Stoltz einen weiteren Antrag, der mit knapper Mehrheit" nach stürmischer Debatte angenommen wurde.[145] – Im Jahr 1878 tat Stoltz sich mit einem anderen Mitglied der Germania zu einer „Empfangskommission" zusammen, um Vorbereitungen für einen Besuch des Prinzen Heinrich, eines Enkels des deutschen Kaisers Wilhelm I., zu treffen.[146]

Bei einem Stiftungsfest im Jahre 1879 „musste das angesetzte Picknick wegen Mangel an Beteiligung ausfallen, die Versammlungen litten an öder Leere, ebenso die Vortragsabende, die sich nur mit Schwierigkeit durchhalten liessen. (...) Hermann Stoltz, der dreissigjährige, übernahm unter diesen Umständen tapfer das Präsidentenamt und hatte natürlich allerlei Verdruss, nicht zum wenigsten durch diese Interesselosigkeit seiner Landsleute. Die meisten hatten eben mit sich selbst genug zu tun. Als Neuerung nahm Stoltz einen Portier an, den sie ‚Clubdiener' tauften. Die Vortragsabende behielt er trotz des Widerstandes einiger bei, zumal noch Mittel dafür verfügbar standen."[147]

Im Herrenclub Germania waren die Frauen ausgeschlossen, konnten sich immerhin aber gelegentlich auf traditionelle Weise einbringen. Der Hilfsverein organisierte im Dezember 1880 eine Benefizveranstaltung und eine Weihnachtsfeier. Der Höhepunkt der Hilfstätigkeit wurde mit einem groß angelegten Bazar erreicht, einem Unternehmen, dessen Erfolg der männliche Leiter „höflich und ausschliesslich der Mitwirkung eines Frauenkomités zuschrieb, in welchem wir die Namen Felisbella und Fabiana Lallemant, Elena und Fanny Stoltz (...) finden. – Dieser Bazar machte sich in vieler Beziehung bemerkenswert, vor allem dadurch, dass die brasilianische Herrscherfamilie sich tätig beteiligte, Geschenke und Geldspenden schickte, die Räume der ‚Typographia Nacional' zur Verfügung stellte und am Tage der Eröffnung persönlich erschien, nebst dem Minister des Innern. Drei Tage währte das Fest, zu dem sogar durch freundliche Vermittlung des Gesandten der deutsche Kaiser zwei kostbare Porzellanvasen stiftete, die leider nicht zeitig ankamen."[148] Die Ehefrauen Elena und Fanny von August und Hermann Stoltz übernahmen also Aufgaben, die entscheidend zum Erfolg des Bazar-Festes beitrugen.

Fanny Stoltz, geb. Meyer (um 1890)

Von den zahlreichen Aktivitäten, die G. H. Stoltz im Lauf von Jahrzehnten zur Förderung der Germania unternahm, können nicht alle im Einzelnen beschrieben werden. Es würde zu weit führen, wollte man die vielen Anlässe, die Hinden im Zusammenhang mit der Nennung des Namens Hermann Stoltz schildert, vollständig rekapitulieren. Immer wieder geht ersterer aber nicht nur auf Interna der Germania ein, sondern kennzeichnet auch Entwicklungen im Geschäftsleben von Rio de Janeiro. So erläutert er für den Anfang des Jahres 1884 im Detail, was teilweise bereits oben zur Sprache kam:

„Das alte Haus von Brandes, Kramer & Co., das schon in Brandes & Co. überge-

gangen, verschwand nunmehr ganz, nachdem sein Namensgeber, Carl Brandes kürzlich entschlafen. – An seine Stelle trat Hermann Stoltz & Co. mit den Prokuristen Otto Schulze und Gerh. Heuer.
Hermann Stoltz erreichte hiermit nach sechzehnjähriger abhängiger Tätigkeit in Rio das Ziel jedes jungen tatkräftigen Mannes: er war selbständig geworden. Einen Versuch in dieser Richtung hatte er aber schon im vergangenen Jahre gemacht, als er mit Leop. Heise und Carl Brandes – in richtiger Erkenntnis der kommenden Entwickelung die Firma Heise & Co. in São Paulo eröffnete. – In Rio aber bewies er seine Unabhängigkeit auch durch den Namen der neuen Firma. Er übernahm das Haus Brandes & Co., wie es war, und vergass vor allem nicht – wie seine erste Annonce in der ‚Allg. D. Ztg.' am 19. Januar 1884 bewies, – die Agenturen des Norddeutschen Lloyd und der Norddeutschen Feuer-Versicherungs-Gesellschaft. – Als laufende Geschäfte und Einnahmen gaben sie eine beruhigende Garantie und ausserdem Anregungen für weitere kaufmännische Transaktionen. – Beide, Schiffs- und Versicherungsagenturen, standen dazumal hoch im Ansehen – (...)."[149]

Für das Jahr 1888 oder auch schon für 1887 verweist Hinden auf eine wichtige Änderung: Hermann Stoltz nahm „schon seit längerer Zeit seinen ständigen Wohnsitz in Hamburg, von wo aus er seine Firma leitete. Wenn er von Zeit zu Zeit einen Informationsbesuch in Rio machte, meldeten nicht selten auch brasilianische Zeitungen seine Ankunft, in Anerkennung des guten Rufes, der noch ziemlich jungen Firma. – Im Februar 1888 trat Herr Heinrich Hölck aus Hamburg in die Germania ein, einer der zeitweiligen Leiter von Herm. Stoltz & Co., den man heute noch gelegentlich im neuen Hause, frisch und rüstig, begrüssen kann."[150]

In den Folgejahren kam der Germania wiederholt die Großzügigkeit und Freigebigkeit des nunmehr vor allem in Hamburg lebenden Kaufmanns Stoltz zugute: „Im November 1896 erhielt die Germania vom Hause Hermann Stoltz & Co. die angenehme Nachricht, dass der Gründer der Firma, von Hamburg aus, eine Summe für den eisernen Fond der Germania stiftete. Es war in diesem Jahre die einzige Schenkung, wenn man nicht als solche die ansehnlichen Beträge ansieht, die regelmässig bei Versteigerung der Zeitschriften erzielt wurden".[151] Etwa um dieselbe Zeit hatten Angestellte der Firma Hermann Stoltz & Co. ungefähr einen halben Conto de Reis zur Gründung eines deutschen Krankenhauses in Rio de Janeiro gespendet.[152]

Im Auf und Ab der Jahre hatte die Germania vor allem dann, wenn es der brasilianischen Wirtschaft schlecht ging, mit mancherlei Problemen zu kämpfen. „Das Jahr 1898", so Hinden, „krönte alle vorhergehenden an Schwierigkeiten, Aerger, und Bedrängnis für den Handel. (...) J. Künning, z. Z. erster Gerent [Leiter] von Hermann Stoltz & Co., hatte es also nicht angenehm mit seinem Nebenamt als Hauswart unserer Gesellschaft. Aber wo alles jammerte und schimpfte, fiel dies am Ende auch nicht besonders auf. (...)" In diesem Zusammenhang wird erwähnt, dass die Firma Hermann Stoltz die Germania bzw. den Hilfsverein durch Höchstbeiträge unterstützte.[153] Überhaupt hatte sich Hermann Stoltz während seiner Jahre in Brasilien nicht nur fortlaufend persönlich für die Germania eingesetzt, sondern in den Folgejahren und -jahrzehnten förderte er die Gesellschaft immer wieder durch Spenden oder beispielsweise durch den Erlass von Hypotheken-Zinsen, die die Germania belasteten.[154]

131 *Hinden, Deutsche, S. 33.*

132 *Ebd., S. 225.*

133 *Ebd., S. 226.*

134 *Ebd., S. 225.*

135 *Ebd., S. 235.*

136 *Johann Arnold Mutzenbecher (1842–1894), der seit 1867 eine eigene Firma in Rio de Janeiro besaß, war ein Vetter ersten Grades von Hermann Franz Matthias Mutzenbecher; siehe Stammbaum Mutzenbecher, S. 2, 42. Vgl. außerdem Schröder, Mutzenbecher.*

137 *Hinden, Deutsche, S. 234 f.*

138 *Ebd., S. 263.*

139 *Dazu Gerhardt, Begründer, S. 39.*

140 *Hinden, Deutsche, S. 228, 311.*

141 *In der brasilianischen Währung ergaben 1.000 Réis einen Milréis. Dieser entsprach fast genau dem Wert eines amerikanischen Dollars. „Tausend Mil [= Milréis] aber wurden allgemein ‚ein Conto de Reis' oder kurz gesagt ‚Ein Conto' genannt." Ebd., S. 16.*

142 *Ebd., S. 239.*

143 *Ebd., S. 258.*

144 *So viel wie Geldüberweisungen in Form von Wechseln.*

145 *Hinden, Deutsche, S. 263 f. In dem „weiteren Antrag", der dem Vorschlag einer Statutenänderung folgte, regte G. H. Stoltz „Unterhaltungsabende durch Vorträge, Vorlesungen oder andere zur allgemeinen Bildung dienende Mittel" an. Eine „Gegenpartei" war zunächst mit der Einrichtung von Unterhaltungsabenden überhaupt nicht einverstanden.*

146 *Ebd., S. 270 f.*

147 *Ebd., S. 278 f.*

148 *Ebd., S. 281 f.*

149 *Ebd., S. 302. Stoltz war im September 1866 nach Rio de Janeiro gekommen und sicherlich noch im selben Jahr bei Brandes, Kramer & Co. eingetreten. Demnach übernahm er Anfang 1884 diese Firma nicht, wie Hinden schreibt, nach sechzehn, sondern nach gut siebzehn Jahren.*

150 *Ebd., S. 335 f.*

151 *Ebd., S. 383.*

152 *Ebd., S. 386.*

153 *Ebd., S. 391 f.*

154 *Ebd., S. 423. Dazu ebd., S. 419: Den älteren Herren der Germania lag daran, „dass die alte ehrwürdige Einrichtung des Frühstückstisches für alle Zeiten beibehalten werden würde. So habe z. B. auch Herr Hermann Stoltz sich unter dieser Bedingung bereit erklärt, auf die Zinsen seiner hypothekarischen Anleihe zu verzichten." Vgl. ferner S. 465.*

[9]

R. Hans Stoltz und die Geschäfte in Brasilien etwa seit 1900

Im Jahr 1880 ereignete sich für Hermann und Fanny Stoltz mit der Geburt ihres vierten Kindes etwas für sie Außerordentliches, etwas zweifellos Ersehntes: Nach drei Töchtern kam in Niterói am 7. Dezember der Sohn Rudolph Hans zur Welt. Zwar gebar Fanny später in Hamm bei Hamburg noch zwei weitere Söhne, doch sie starben, wie erwähnt, bereits als Säuglinge. So blieb Hans der einzige Sohn. Ihm müssen vor allem von seinem Vater sicherlich schon früh große Erwartungen entgegengebracht worden sein, denn 1884 hatte letzterer seine eigene, expandierende Firma gegründet, und die Hoffnung, diese Firma auch in der nächsten Generation zu erhalten und weiter zum Blühen zu bringen, war etwas überaus Naheliegendes. Wie hoch die Erwartungen waren, geht aus dem zweiten Abschnitt im Bericht von Tibeta Stoltz hervor. Zunächst weist sie darauf hin, dass R. Hans Stoltz, der ihr Schwiegervater wurde, die Schulzeit in Deutschland „mit dem sogenannten Einjährigen" beendete. Dann heißt es weiter:

„Seine Lehrzeit machte er bei Landt & Rickersen, in Hamburg. Ob er wirklich Backpflaumen wässern mußte, um das Gewicht zu erhöhen und Ziegelmehl unter den Kaneel mischte, wie er immer erzählte, werden wir nicht mehr feststellen können. Vielleicht waren die Geschichten auch nur der Ärger über so viele verlorene Zeit. Es bestand kein Zweifel, sein Vater brauchte ihn, er würde nach der Lehre in die väterliche Firma eintreten. Wirkliche Kenntnisse erwarb er in der Textilbranche. Als er dann bei Herm. Stoltz tätig wurde, konnte er damit nicht mehr viel anfangen, das Warengeschäft hatte sich in der Zwischenzeit verändert. Die Textilfirma Cia. Hering aus Blumenau baute inzwischen ihren eigenen Vertrieb auf.

Um die Jahrhundertwende ging die Geschäftsleitung in Brasilien stufenweise auf Rudolf Hans Stoltz über. In Wirklichkeit wurde er von Anfang an überfordert. Er war zu jung und wurde ständig an seinem so überaus erfolgreichen Vater gemessen. 1902, mit 22 Jahren, trat er auch in Hamburg als persönlich haftender Gesellschafter ein, doch er war für Brasilien bestimmt. Er sollte die Brasilhäuser leiten. Der alte Herr wollte sich nun hauptsächlich in Hamburg um die Geschäfte kümmern.

Auch Rudolf Hans Stoltz ist in seinem Leben außerordentlich viel gereist. Die Art des Geschäftes verlangte das. Man mußte seine Kunden und Lieferanten kennen. Es wurde hin und hergereist zwischen Hamburg und Rio de Janeiro, aber auch innerhalb Brasiliens. Mehrmals fuhr er die Küste rauf und runter. Wie bei seinem Vater war auch bei Rudolf Hans Stoltz die Schiffahrt ein Teil

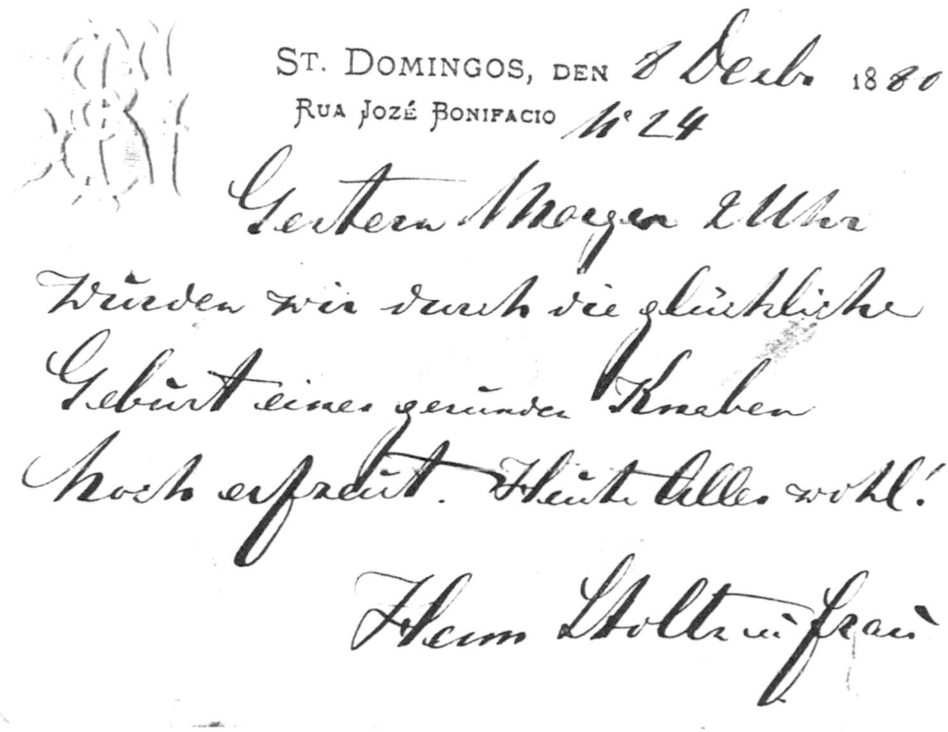
St. Domingos, den 8 Decb. 1880
Rua Jozé Bonifacio N° 24
Gestern Morgen 2 Uhr
wurden wir durch die glückliche
Geburt eines gesunden Knaben
hoch erfreut. Heute Alles wohl!
Herm Stoltz u. Frau

„St. Domingos, den 8 Decb. 1880 / Gestern Morgen 2 Uhr / wurden wir durch die glückliche / Geburt eines gesunden Knaben / hoch erfreut. Heute Alles wohl! / Herm Stoltz u. Frau“

seines Lebens. Das Schiffahrts-, Versicherungs- und Havarieagentengeschäft war ein Teil der Firma, der nicht nur gewinnträchtig war, sondern ihm auch wirklich am Herzen lag.“[155]

Im Anschluss an diese Erklärungen blendet Tibeta Stoltz ein Erlebnis aus sehr viel späterer Zeit ein. Um das Jahr 1950 herum beobachtete sie zusammen mit ihrem Schwiegervater im Hafen von Rio de Janeiro ein großes Schiffsunglück. Ein „funkelnagelneues“, leck geschlagenes Passagierschiff lief ein weiteres Mal auf Grund und brach auseinander. R. Hans Stoltz, den Tibeta „als ruhigen, ausgeglichenen Menschen kannte, verlor fast die Fassung.“ Seine Erschütterung war für sie noch beklemmender „als der wirklich grausige Anblick des auseinanderbrechenden Schiffes.“[156]

Die Chronologie nochmals kurz beiseite lassend, gibt es für die Jahre 1926 und 1928 – also zu einer Zeit, als G. Hermann ebenso wie R. Hans Stoltz gleichermaßen in Geschäften aktiv waren – konkrete Belege dafür, dass die beiden auf Reisen unterwegs waren. Im Internet können „Bremer Passagierlisten“ aufgerufen werden, denen zu entnehmen ist, dass G. Hermann zusammen

C. Elena (links) und R. Hans Stoltz (um 1885)

mit seinem Neffen Erich Stoltz[157] am 20. November 1926 auf der „Sierra Cordoba“ von Bremen aus in der ersten Klasse Richtung Lissabon reiste. Vermutlich nahmen die beiden von da aus ein Schiff nach Südamerika. Am 14. April 1928 reiste Rudolph Hans mit seinem Vetter Erich von Bremen aus wiederum mit der „Sierra Nevada“ nach Pernambuco, Brasilien, wiederum in der ersten Klasse. Als Beruf war für Hans „kaufm. Angest.“ und für Erich „Regierungsrat“ angegeben.[158]

KEHRT man zurück in die Zeit um die Jahrhundertwende, so sind für das Jahr 1901 über Hans Stoltz weitere Aufschlüsse bei Hinden in der Chronik der Germania-Gesellschaft zu gewinnen: „Hans Stoltz, ein noch junger Mann von 21 Jahren, kannte Brasilien kaum, obschon er im Jahre 1880 hier geboren war, als Sohn des Gründers der Firma Herm. Stoltz & Co. Der Vater hatte ihn schon im Alter von drei Jahren mit nach Hamburg genommen, wo er seine Erziehung genoss und später seiner Militärpflicht genügte, nachdem er sich kurze Zeit in England aufgehalten. Es lag natürlich auf der Hand, dass er der künftige Leiter der Firma werden würde. Er stellte sich am 18. November (1901) in unserer Gesellschaft ein.“[159]

NICHT anders als sein Vater setzte Hans sich umgehend an leitender Stelle für Belange der Germania ein. Ein neuer Vorstand

R. Hans Stoltz (1880–1958)

R. Hans Stoltz

hatte für den Ankauf und Ausbau eines neuen Schulhauses gesorgt, und dazu erklärt Hinden: „Der junge, kaum 22jährige Hans Stoltz fand sich, treu dem Beispiele seines Vaters, ebenfalls schon in diesem Vorstande als ständiger Beisitzer." Im Februar 1902 übernahm Hans in der Germania das Schriftführer-Amt.[160] Sechseinhalb Jahre später ergab sich im Club eine Veränderung, zu der Hinden sich eingehend äußert: „Im August 1908 wählten sie Hans Stoltz zum Vorsitzenden. Der 28jährige hatte – schon seit zwei Jahren – die Leitung des väterlichen Geschäftes in die Hand genommen und – zur Ueberraschung mancher Aussenstehender – eine glückliche Hand und einen sichern Blick bewiesen, trotz seiner Jugend. Die Geschäftsführung der Firma Hermann Stoltz & Co. war nämlich schon damals keineswegs einfach. Sie erforderte mehr als diejenige der meisten andern, denn sie unterschied sich von allen durch ihre ausserordentliche Vielseitigkeit. Sie betrieb Import und Export, Handel und Technik, Verkauf und Fabrikation. Mit der Zeit gründete sie Filialen in São Paulo und Pernambuco, und besass Vertreter und Beziehungen an vielen andern Orten Brasiliens. Es erforderte einen ganzen Mann, den verwickelten Mechanismus in Gang zu halten, hier und da mit fester Hand in das Räderwerk einzugreifen, damit es nicht stocke, sowie die richtigen Leute immer an den richtigen Platz zu stellen. Die Fähigkeit dazu bewies Hans Stoltz als würdiger Sohn und Nachfolger seines Vaters."[161] Damit wird ein wohl besonders treffendes Resümee zum „Lebenswerk" von Hans Stoltz geliefert, wobei es sich allerdings um das Lebenswerk von Sohn und Vater handelt; die Zusammenarbeit der beiden dürfte zum außergewöhnlichen Erfolg geführt haben.

Das Jahr 1908 war nicht nur im Hinblick auf die Germania bedeutsam. Was sich für Hans ergab, umschreibt Tibeta Stoltz mit zwei kurzen Sätzen, die – vielleicht ungewollt – die Dominanz des Vaters offenbaren: 1908 „ließ der Senior seinen Sohn nach Hamburg kommen: Er sollte heiraten." Der Sohn zeigt sich einmal mehr als folgsam und erfolgreich. „Rudolf Hans ließ sich von seinen Vettern beraten und heiratete nach kurzer Verlobung die 1884 geborene Anna Magdalena von Hos[s]trup und schiffte sich mit ihr nach Rio ein."[162] Es scheint, als wiederholte sich in Hamburg am 21. März 1908, dem genauen Heiratsdatum von Hans und Magdalena, was sehr genau, am 23. Februar 1875, vor 33 Jahren praktisch am selben Ort stattgefunden hatte: Ein in Brasilien lebender und arbeitender Kaufmann aus Deutschland kehrt für kurze Zeit in sein Heimatland zurück, um sich umstandslos zu verheiraten und dann wieder nach Brasilien zu verschwinden.

MAGDALENA brachte zwischen 1909 und 1924 zehn Kinder zur Welt. Sie starb am 30. Januar 1935 in Rio de Janeiro „an einem Krebsleiden, das bis zum Schluß unerkannt blieb." Im Juli 1936 heiratete R. Hans ein zweites Mal."[163] Am 21. November 1921, also lange vor ihrem Tod, schrieb Magdalena aus Wentorf/Reinbek an ihren Mann in Rio de Janeiro einen Brief, der etwas sehr Sprechendes, dabei zweifellos Zeittypisches über die Beziehungen zwischen Magdalena und Hans, zugleich zwischen Magdalena, Hans und G. Hermann offenbart. Hans war wegen seiner Geschäfte monatelang von seiner Frau getrennt, die sich ihrerseits nicht zuletzt der Erziehung der Kinder wegen in Deutschland aufhielt. Eine beherrschende Stellung behielt bei alldem Magdalenas Schwiegervater. Sie schreibt:

„LIEBSTER Hans, ich habe eine grosse Bitte an Dich, ich weiss ja, wie nahe Dir Papa steht, aber schick ihm nicht Deine Briefe an mich, damit er sie vorher liest, u. ich sie dann offen überreicht bekomme, es kränkt mich u. alles Persönliche fehlt dann. Ich will sie ja gern mal Papa zeigen, aber ich muss sie

G. Hermann und R. Hans Stoltz, Wentorf (um 1892)

Wohnhaus von R. Hans Stoltz an der Rua Aprazivel Nr. 5, Rio de Janeiro, seit 1912 im Besitz der Familie

direkt geschickt bekommen. Ausser Deinen Briefen an mich las ich ja seit unserer Abreise nichts von Dir, ich bat Papa, ob ich nicht mal Deine Briefe an ihn lesen dürfe, da ich doch in Rio manchmal Deine Sekretärin war, Papa will es nicht, da er meint, die geschäftlichen Sorgen könnten mich aufregen u. fürs Nähren schaden, als ob dieses nicht vom Geschäft hören mich nicht viel melancholischer machte. Kannst Du mir denn nicht mal Copien Deiner Briefe an Papa schicken? Ich sag es ihm auch nicht, aber ich muss an Deinem Leben, wenn auch nur aus der Ferne, teilnehmen können, ich will Deine Kameradin u. Lebensgefährtin sein, voll und ganz, nicht aber eine Persönlichkeit, der man alle Sorgen fern hält."[164]

WAS die „ausserordentliche Vielseitigkeit" der Geschäfte von Hermann und Hans Stoltz betrifft, so gewinnt man darüber wiederum vor allem durch Tibeta Stoltz näheren Aufschluss. In einem Folgekapitel kann Zusätzliches in Erfahrung gebracht werden am Beispiel der Verbindungen, die die Firma Hermann Stoltz & Cie mit der Handelskammer Hamburg im Lauf langer Jahre aufnahm. Zunächst teilt Hinden mit, dass sich vor 1908 der Handel mit Reis als günstig erwies. Das Nahrungsmittel war „in zahlreichen Schiffsladungen von Indien herangeschafft" worden und brachte verschiedenen

G. Hermann Stoltz und R. Hans Stoltz, Wentorf (um 1928)

G. Hermann Stoltz mit seiner Schwiegertochter Magdalena und Enkelkindern, Rio de Janeiro (August 1911)

Firmen, darunter Hermann Stoltz & Co., Arbeit und Gewinn. Auch am Handel mit Baumwolle, Zucker und Trockenfleisch war die Firma beteiligt. Wohl im Jahr 1911 wurde in Santa Cruz eine riesige Getreidemühle erbaut.[165] Teils bestätigend, teils ausführlich ergänzend heißt es dazu:

„Herm. Stoltz kaufte und verteilte Reis, Bohnen, Trockenfleisch, tierische und pflanzliche Fette, später auch Mais und Erdnüsse, sowie Rohgummi aus dem Acre, vom oberen Amazonas.

1909 rollten Eisenbahnwaggons mit einer Ladung Trockenfleisch, die ‚posto Rio' schon bezahlt war, bei der Fahrt über den Fluß im Inneren Brasiliens ins Wasser. Die Lieferung war verdorben. Da der Lieferant die bezahlte Ware nicht ersetzen und auch das Geld nicht zurückerstatten konnte, ging seine Fazenda ‚Varzea Alegre' in Matto Grosso in den Besitz der Firma über. Sie lag etwa 80 km westlich von Campo Grande, war 360 qkm groß. Die Trasse der Eisenbahn der EFNOB (Estrada de Ferro Noroeste Brasileira), mit zwei Stationen, Pedro Celestino und Murtinho, ging 42 km quer durch die Fazenda.

Hier wollte man mit deutschen Agronomen eine Viehzucht betreiben. Doch ganz gleich was man versuchte, es war zum Scheitern verurteilt. Man kannte die Verhältnisse nicht, das Land war viel zu groß. Das Vieh verschwand. Die Deutschen waren dem Le-

Drei Generationen: G. Hermann Stoltz mit seinem Sohn R. Hans und seinem Enkel G. Hermann, Hamburg (1913)

G. Hermann Stoltz (Mitte) mit seinem Sohn R. Hans (links) und dem Enkel G. Hermann Stoltz (1910–1953), Hamburg (um 1928)

ben in der Einsamkeit und den primitiven Verhältnissen nicht gewachsen.
Aus ähnlichen Gründen kam 1916 die Fazenda dos Campos zur Firma. Sie lag in Minas, nicht ganz so weit weg. Doch war sie allerdings damals von der Bahnstation ‚Passa Quatro' auch nur per Pferd oder mit dem Ochsenkarren zu erreichen. Hier wurde im Kleinen Forstwirtschaft und ein Sägewerk betrieben. Außerdem verlebte die Familie viele schöne, aber recht primitive Ferien auf dieser Fazenda."[166]

IN weiteren Passagen wendet Tibeta Stoltz sich dem Handel mit Zement und mit Maschinen zu, wobei sie vor allem das Jahr 1910 ins Auge fasst: „Das Einkaufshaus in Hamburg war zu einer perfekt funktionierenden Organisation geworden. Sie handelten die Preise der Waren und der Verlader aus. Sie richteten sich nach den Bedürfnissen in Brasilien und suchten und fanden immer wieder neue Artikel. Bei Zement war das eine kitzlige Sache. Der Preis und die Ankunft in Rio mußten stimmen. War der Bedarf groß, konnte man einen guten Gewinn erzielen, doch war der Markt gesättigt, ging der Preis zurück. Am Anfang kam der Zement in Fässern von 120, 150 und 180 kg. Die Firma hatte dafür eine eigene Marke. Die runden Etiketten mit dem Aufdruck ‚Excelsior' wurden auf die Fässer geklebt und waren bei gleichbleibender Qualität eine gute Propaganda.
Inzwischen wurden auch Maschinen und Ersatzteile, hauptsächlich für landwirtschaft-

liche Betriebe, aus Deutschland importiert, und immer wieder Zement. Motorräder und Autos von N.A.G.[167] und Mercedes kamen dazu, brachten allerdings nicht den erwarteten Gewinn, sondern einen beachtlichen Verlust. Nicht nur Rio, sondern auch São Paulo hat bis 1910 sehr gut verdient. 1910 wurde ein Haus und Grundstück in Recife, Pernambuco erworben und eine Niederlassung mit Verteilerstation für Nordbrasilien gegründet."

Um 1910, bei einer schweren Grippeerkrankung – Hermann Stoltz hatte wohl Angst, sie nicht zu überleben –, „gestand er ein, daß er sein persönliches Vermögen auf etwa 8 bis 12 Millionen Goldmark einschätze." Wenn er aber „gefragt wurde (als alles scheinbar glänzend lief), wie es im Geschäft ginge, so war die Antwort unweigerlich: ‚Ich habe Kummer und Sorgen mancherlei Art'."[168]

155 *Stoltz, Reise, S. 5f.*
156 *Ebd., S. 6.*
157 *Erich Albert Hermann Stoltz (1887–1943) war ein Sohn von Johann Ulrich Rudolf Stoltz, dem nächstälteren Bruder von Georg Hermann. Deutsches Geschlechterbuch 209, S. 290, 300, 309, 314. Dr. jur. Erich Stoltz „arbeitete in den 30er Jahren als Rechtsberater der ‚Herm. Stoltz & Cie', Hamburg."*
158 *Bremer Passagierlisten (www.passagierlisten.de; Stand: 22. Juli 2018). Vgl. auch unten S. 83.*
159 *Hinden, Deutsche, S. 419.*
160 *Ebd., S. 421f.*
161 *Ebd., S. 449.*
162 *Stoltz, Reise, S. 7. Vgl. Deutsches Geschlechterbuch 209, S. 328.*
163 *Stoltz, ebd. Geschlechterbuch, ebd., S. 328, 334ff.*
164 *Privatarchiv Peter Jacubowsky.*
165 *Hinden, Deutsche, S. 454, 462, 466.*
166 *Stoltz, Reise, S. 8.*
167 *Die Nationale Automobil-Gesellschaft (N.A.G.) war im ersten Drittel des 20. Jahrhunderts ein großer Automobil- und Nutzfahrzeug-Produzent in Berlin-Oberschöneweide.*
168 *Stoltz, Reise, S. 8. Martin (Jahrbuch Millionäre, S. 21) gibt für das Jahr 1912 an, G. H. Stoltz habe über ein Vermögen von 2,6 Millionen Mark und ein jährliches Einkommen von 0,22 Millionen Mark verfügt.*

[10]

Wentorf

Im Jahr 1884 war G. Hermann Stoltz, wie bereits erwähnt, mit seiner Familie nach Hamburg zurückgekehrt. In Rio de Janeiro, wo das Geschäft blühte, verfügte er mit drei deutschen Prokuristen, die fließend portugiesisch sprachen, über sehr gute, verlässliche Mitarbeiter, so dass er seine brasilianische Firma in besten Händen wusste.[169] Sein Hamburger Büro richtete er am Glockengießerwall 25/26 im zweiten Stock des Scholvien-Hauses ein. Mit seiner Familie zog er in die Jordanstraße nach Hamm, in die nächste Nähe des geräumigen „Hammer Hauses" von Valentin Lorenz Meyer. Fanny hatte damit die Möglichkeit, jederzeit ihren Vater zu besuchen. Die Kinder hatten freien Auslauf in einem großen Garten mit einer großen Wiese, auf der im Sommer eine Kuh weidete.[170]

Zur Kennzeichnung des Lebens, das Hermann Stoltz seit der Verlegung seines ersten Wohnsitzes nach Hamburg, also etwa seit 1884 führte, kann erneut die Firmengeschichte von Tibeta herangezogen werden. Sie schreibt: „Man kannte keine Ferien im heutigen Sinn. Die einzige Erholung waren die Geschäftsreisen, wenn man wochenlang mit dem Schiff unterwegs war. In der Familienbibel sind die Schiffsreisen von Georg Hermann Stoltz zwischen 1875 und 1901 einzeln aufgeführt. Mit Umsteigen war man bis zu vier Wochen unterwegs. Man kannte es nicht anders als sparsam, bescheiden und unter vollem Arbeitseinsatz zu leben. Bei Hamburger Überseekaufleuten war es eine ständige Redensart, daß die Vermögen nur ‚erspart' würden.

Der einzige Luxus, den sich der Senior geleistet hat, war der Erwerb des Sommer-Hauses mit Parkgrundstück in Wentorf. Zwischen 1890 und 1914 erweiterte er den Besitz durch den Ankauf von Nachbargrundstücken. Am Ende waren es 32 Morgen, die er mit Wald, Obst und Blumen bepflanzen ließ. Er beschäftigte eine Reihe Gärtner und Frauen, die aber bei den damaligen Lohnverhältnissen nur bescheidene Kosten verursachten. Einschließlich der Umbauten und Neubauten gab er dafür damals vierhunderttausend Goldmark aus.

Ab 1891 wohnte die Familie von April bis Oktober, oft bis in den November, in Wentorf. Zum Winter zog man wieder nach Hamburg. Erst 1931, nachdem in das bis dahin unbeheizte Sommer-Haus eine Heizung eingebaut worden war, blieb der Senior, inzwischen Witwer, das ganze Jahr in Wentorf. Wenn sich Fußgänger extra oder aus Versehen in den Garten verirrten, machte sich der alte Herr den Spaß, sie auf seiner Veranda mit Portwein zu bewirten. Ich glaube, er hatte einfach Freude daran, wenn auch an-

Meinen Kindern und
zur Erinnerung an glücklich
den 10 September 1728. / 1853.

Anwesen der Familie Valentin Lorenz-Meyer in Hamburg-Hamm. Stahlstich von James Gray (1853)

Wentorf, Gesamtplan (1931)

BEBAUUNGSPLAN WENTORF
Übersichtskarte
Maßstab 1:4000
Blatt 22
GEMARKUNG SACHSENWALD
GEMARKUNG BÖRNSEN
Der Mühlenteich
Kartenblatt Nr. 3
Kartenblatt Nr. 4
2
3
4
5
12
13
14
15
16
17
18

dere den wunderschönen Garten bewunderten."[171]

UM genauer zu verstehen, was es mit der Ortsbezeichnung „Wentorf" auf sich hat, ist es sinnvoll, die einleitenden Erklärungen in dem von Hildegard Ballerstedt und William Boehart verfassten Buch „Herrschaftliche Zeiten" zu zitieren: „Die Gemeinde Wentorf bei Hamburg liegt am äußersten südwestlichen Rand des zum Land Schleswig-Holstein gehörenden Kreises Herzogtum Lauenburg. Sie grenzt direkt an den Hamburger Stadtteil Bergedorf und die zum Kreis Stormarn gehörende Stadt Reinbek. Die Gemeinde ist Teil der Metropolregion Hamburg und kann als einer der Wohnvororte der Großstadt bezeichnet werden."[172] Wentorf, einerseits verwaltungstechnisch nicht zur Hansestadt Hamburg gehörend, kann andererseits seit etwa hundertfünfzig Jahren als ein unmittelbar der Stadt zugeordneter Vorort gelten. Dabei ist die Nähe zur Stadt Reinbek, ebenfalls so etwas wie ein Vorort Hamburgs, von besonderer Bedeutung, da Wentorf und Reinbek sich am Mühlenteich, einem aufgestauten Abschnitt des Flusses Bille, unmittelbar berühren und fast ineinander übergehen. Zu der Zeit, als Hermann Stoltz in Wentorf wohnte, waren die Ortsbezeichnungen Wentorf und Reinbek für ihn und seine Familie im alltäglichen Sprachgebrauch praktisch austauschbar.[173]

DIE enge Zusammengehörigkeit von Wentorf und Reinbek gilt vor allem für das sogenannte Villenviertel Wentorfs, also für die nördlich der Ortschaft am Südrand des Mühlenteichs gelegenen Areale, wo sich vermögende Hamburger ihre prächtigen Sommersitze oder auch ihre wohlausgestatteten festen Wohnsitze einrichteten. Mit der Eröffnung eines Bahnhofs in Reinbek an der Strecke Hamburg–Berlin im Jahre 1846 gewann nicht nur Reinbek selbst, sondern eben auch das Wentorfer Villenviertel an Attraktivität. Es war nun keine besondere Schwierigkeit mehr, von Reinbek/Wentorf aus in die Innenstadt von Hamburg zu gelangen. „Vor der Eröffnung des Bahnhofs in Reinbek brauchte man gut einen halben Tag, um mit Pferd und Wagen die Strecke nach Hamburg zurückzulegen. Mit der Bahn dauerte es 45, später sogar nur 30 Minuten, nach Bergedorf waren es bequeme zehn Minuten."[174]

IM näheren Umkreis des Mühlenteichs befinden oder befanden sich die Villen und Anwesen von zahlreichen Familien des gehobenen Hamburger Bürgertums. Wenn man dabei den Gedanken des Netzwerks noch einmal aufgreift, so ergaben sich die Verbindungen nicht nur durch den Zusammenhalt innerhalb der Familien und durch die gemeinsamen Geschäftstätigkeiten, sondern drittens auch durch Nachbarschaften. In nächster Nähe der Besitzungen von Hermann Stoltz befand sich z. B. das 1898 erbaute Haus „Hohe Tannen" des Versicherungskaufmanns Franz Ferdinand Mutzenbecher, eines Bruders und Geschäftspartners des oben erwähnten Hermann Franz Matthias Mutzenbecher.[175] Auf der Höhe des direkt südöstlich vom Mühlenteich gelegenen Sachsenberges „hatte schon 1881 der Oberlandesgerichtspräsident Dr. Ernst Friedrich Sieveking (1836–1909) von dem Kätner Kock Land auf der sog. Schanzkoppel erworben und dort nach dem Entwurf der Hamburger Architekten Martin Haller und Lamprecht ein Wohnhaus errichten lassen; es wurde später von dem Südamerika-Kaufmann und nachmaligen Hamburger Bür-

Wentorf, Ausschnitt aus dem Gesamtplan von 1931. Nördlich an den Mühlenteich grenzt Reinbek mit dem Reinbeker Schloss. Der Besitz von Hermann Stoltz befand sich ungefähr bei der Ziffer „2“

germeister Rudolf H. Petersen (1878–1962) und seiner Frau Olga geb. Sieveking bewohnt (heute Reinbeker Weg 1). Der Ehemann der ältesten Tochter des Präsidenten, der als Heraldiker und Zeichner des alten Hamburg bekannt gewordene Ostasien-Kaufmann Eduard L. Lorenz-Meyer (1856–1926), ließ auf dem Nachbargrundstück 1895/96 ebenfalls durch Martin Haller sein ‚Haus Billhoop‘ bauen (heute Am Sachsenberg 4).“[176] In nächster Nähe beim Reinbeker Schloss, dicht an der Nordseite des Mühlenteichs, befindet sich die große, herrschaftliche Villa des Industriellen Julius Carl Ertel (1845–1922).[177] Dazu sei an dieser Stelle lediglich angedeutet, dass es zwischen einem Schwiegersohn Ertels, Friedrich Theodor Odefey (1876–1956), und einem Schwiegersohn von G. Hermann Stoltz, Tom Ringel (1869–1934), zu einer engen beruflichen Verbindung kam, indem Odefey als Assistenzarzt des Professors für Chirurgie Ringel Kontakt zur Familie Ertel gewann.[178]

Ausführliches ist bei Johannes Grüschow über den Besitz von G. H. Stoltz zu

Wohnhaus von G. Hermann Stoltz in Wentorf, Hochweg 6 (1964 abgerissen)

erfahren: „Von den Probst'schen Erben erwarb 1891 der Südamerika-Kaufmann Hermann Stoltz (1845–1939) ein 4,5 ha großes Gelände mit herrschaftlichem Wohnhaus, Gärtnerhaus und Treibhäusern am Ende des Hochweges [südlich vom Mühlenteich, HJS]; 1893 vergrößerte er diesen Besitz um 1,5 ha, und bis 1913 nahm er Änderungen an den Baulichkeiten vor. (…) Als Wentorfer Bürger opferte Hermann Stoltz seine freie Zeit viele Jahre hindurch dem Gemeinwohl als Gemeindevertreter und Kirchenältester. Noch mit 90 Jahren ließ er sich zur Bahn nach Reinbek geleiten, ein Beispiel der Pflichterfüllung für die Jüngeren."[179]

WERTVOLLE Ergänzungen zu diesen Ausführungen sind bei Ballerstedt und Boehart zu finden: Hermann Stoltz „hatte das Areal von dem Probst-Erben erworben. W[ilhelm] Probst, Direktor der Deutschen Bank in Hamburg, hatte das Haus durch den bekannten Hamburger Architekten Martin Haller bauen lassen. Der Bau war offensichtlich zuerst als Sommerresidenz gedacht. Stoltz erweiterte nach und nach den Grundbesitz, der schließlich auf ca. 12 Hektar[180] von der Hege bis zum Mühlenteich reichte. Vom Mühlenteich bis zum ehemaligen Standplatz der Villa führte ein gepflegter beleuchteter Weg den Hang hinauf, umgeben von einem dichten Eichen- und Buchenwald. Ein großer Teil des Areals bestand aus einem repräsentativen und gepflegten Garten mit einem alten Baumbestand, Gemüse- und Blumenbeeten, zwei Gewächshäusern und einem Tennisplatz. 1913 wurde ein beheizbares Treibhaus, ein ‚Gärtner- und

Chauffeur-Wohnhaus' und ein Stallgebäude errichtet. Als Architekten für das Gartenhaus und des im Landschaftsstil gestalteten Gartens hatte Stoltz den bekannten Hamburger Ingenieur und Gartenarchitekten Rud. Jürgens[181] beauftragt. Das alte Haupthaus – es hatte 13 Zimmer – wurde 1964 abgerissen."

WIE schon erwähnt, setzte sich Stoltz in Wentorf als Mitglied des Gemeinderates und als Kirchenältester für das Gemeinwohl ein. Außerdem spielte er bei der Gründung des Elektrizitätswerkes eine aktive Rolle. „Er soll in Wentorf ein ‚sparsames und bescheidenes Leben' – gemessen an seinen finanziellen Möglichkeiten – geführt haben. Stoltz ging grundsätzlich zu Fuß zum Bahnhof, der auf der anderen Seite des Mühlenteiches lag. Erst nachdem er das stattliche Alter von 80 erreichte, ließ er sich von einem Diener begleiten. (...) [Er] nahm regelmäßig den Zug um 7.29 Uhr ab Reinbek nach Hamburg – den ‚Schulkinderzug' – zusammen mit seinen ‚Villenkollegen' Tiefenbacher und Petersen."[182]

VIELLEICHT gehörte zu den „Villenkollegen" manchmal auch Julius Carl Ertel, der ebenfalls morgens von Reinbek aus zu sei-

Gärtnerhaus der Familie Stoltz in Wentorf (am Hochweg)

Die Familie Stoltz – zweite von links: die Mutter Fanny Stoltz – mit Dienstpersonal und Ziegenbockwagen vor dem Haus in Wentorf

nem Firmenbüro in die Hamburger Innenstadt fuhr. Von Ertel ist überliefert, dass er seine Freude daran hatte, wenn er der frischen, durch lange goldene Zöpfe auffallenden Schülerin Elena Stoltz (1882–1962) begegnete – jener vierten Tochter von Fanny und Georg Hermann Stoltz, die später den Chirurgen Tom Ringel heiratete.[183] Ob Ertel oder Stoltz stets mit dem frühen „Schulkinderzug" nach Hamburg hineinfuhren, oder ob sie gelegentlich auch einen etwas späteren Zug nahmen, den so genannten „Millionärszug"[184], weiß man nicht.

Zum Leben in Wentorf und auch zu einer besonderen Fahrt mit dem Zug haben die Brüder Hans und Harro Treplin – Neffen von Fanny und Hermann Stoltz – ebenso farbige wie aufschlussreiche Geschichten zu erzählen. Dazu muss man wissen, dass sich in nächster Nähe von Wentorf und Reinbek auch Friedrichsruh, ein Ortsteil der Gemeinde Aumühle, befindet. Bekanntlich lebte Reichskanzler Otto von Bismarck in Friedrichsruh, ein Mann, mit dem auch Hermann Stoltz wiederholt Begegnungen hatte.[185] Über Kindheits- und Jugenderfahrungen in Wentorf schreibt Harro Treplin:

„Wir spielten mit dem Ziegenbockwagen, durchstreiften den parkartigen schönen Garten, ruderten auf der Bille, ein herrliches

Leben! Nur fürchtete ich mich vor den in weißen schönen Gewändern gehüllten Kusinen, weil sie mich immer küssen wollten. Wenn Onkel Hermann dann nachmittags aus der Stadt kam, gab es ein großes Diner auf der schönen Veranda. Mit Neugier beobachtete ich einmal, daß der Onkel, der sich irgendwie im Geschäft geärgert hatte, plötzlich aufsprang und die große Suppenterrine auf den Rasen warf. Unsere Tante Fanny war nicht aus der Ruhe zu bringen, sie klingelte und ließ die Suppenteller abräumen, ohne irgendein Wort zu sagen. Er war ein cholerischer Mensch, aber ein großer Kaufmann. Er hat in Brasilien viel für die dortigen deutschen Kolonien getan und wurde dafür dann später zum Kommerzienrat ernannt. Das konnte geschehen, weil er nie Hamburger geworden war.[186] Er hielt nichts von den alten Hamburger Patrizierfamilien, wie er mir später des Öfteren auf unseren Spaziergängen gesagt hat. Er warf ihnen – wahrscheinlich nicht zu Unrecht – vor, daß sie das kommende Wirtschaftsleben nicht verstünden, sondern zu sehr an ihren ererbten Zöpfen festhielten.

Ich kann eine kleine typische Geschichte erzählen: Auf der Rückkehr von einem der Spaziergänge, die ich als Primaner und später als Lehrling mit Onkel Hermann durch den Sachsenwald machte, und bei denen er es unternahm, mich über Menschenbehandlung usw. zu unterrichten, stiegen wir in Friedrichsruh in den Zug. In dem Abteil

Vor dem Haus in Wentorf, Hochweg 6

Familientreffen in Wentorf (um 1915). Oben: Dr. jur. Hugo Philipsen (1869–1925).
Obere Reihe v. l. n. r.: Eleonore Gleisner (1902–1983); Elena Ringel, geb. Stoltz (1882–1962);
Louise Philipsen, geb. Stoltz (1876–1963); Hermann Gleisner (1901–1981); Georg Hermann Stoltz (1845–1939);
Fanny Abel, geb. Stoltz (1877–1972); Ernst Abel (1868–1943); Moritz Gleisner (1871–1922);
Elisabeth Gleisner, geb. Stoltz (1879–1952).
Untere Reihe v. l. n. r.: Elisabeth Abel (1909–1946); Lorenz Gleisner (1907–1991); Minna Stoltz (Schwester von G. Hermann, Diakonisse, 1840–1927); Hans Gleisner (1905–1977); Louise Abel (1912–2003).

saßen zwei vornehme Herren, die sofort aufsprangen und Onkel Hermann devot begrüßten. Er beachtete den Gruß aber absichtlich nicht. Auf der Fahrt sagte er zu mir: ‚Hör' mal, wenn Du später einmal als Kaufmann einen Prozeß zu führen hast und Du willst ihn mit Sicherheit verlieren, so nimm einen dieser beiden Herren.' Darauf mischten diese sich in das Gespräch mit: ‚Aber Herr Kommerzienrat!' ein. Er drehte sich zu ihnen um und sagte: ‚Bitte mischen Sie sich nicht in ein fremdes Gespräch. Hier diesen jungen Herrn, der einmal Kaufmann werden will, unterrichte ich in der Lebenskunst. Es geht Sie also nichts an, was ich sage.' Als wir ausstiegen, sagte er: ‚Kerle, mit einem Gesicht aus Bier und Milch.' Ich war natürlich sehr eingeschüchtert. Auf dem Heimweg brach sein ganzer Haß gegen die Hamburger aus ihm heraus.[187]

Mein Bruder August, der damals junger Rechtsanwalt in Hamburg war, klärte mich dann auf. Onkel Hermann hatte einen größeren Steuerprozeß durch diese Rechtsanwälte führen lassen und ihn verloren. Er konnte das nur auf deren Unfähigkeit zurückführen, denn er war es aus Brasilien gewohnt, daß solche Prozesse durch Bestechung der Richter normalerweise beendet wurden. Daß das in Deutschland nicht ging, war ihm unbegreiflich. Er war eben durch die Kolonialzeit geprägt."[188]

Zu diesen bemerkenswerten Erklärungen sei hier nur so viel gesagt, dass sie in mancher Hinsicht tief blicken lassen. Sie zeigen den Kaufmann Georg Hermann Stoltz nicht mehr allein im Status der Unangreifbarkeit und Bewunderungswürdigkeit, sondern als einen Menschen mit Schwächen. So hatte er offenbar auch als Ehemann einer Hamburgerin und als erfolgreicher Überseekaufmann mit Büro in Hamburg sowie als großzügiger Stifter für Hamburger Projekte ein gespaltenes Verhältnis zu bestimmten alten Hamburger Familien. Von einem Prozeß, den Stoltz zu führen hatte, wird sogleich die Rede sein. Näheres zu diesem Prozeß konnte nicht herausgefunden werden. Erinnert sei in diesem Zusammenhang an die Hinweise von Tibeta, dass die Firma Hermann Stoltz & Co. 1908 einen umfangreichen Prozeß mit der Brahma-Brauerei führte und dass in Brasilien „wirklich gute Rechtsanwälte" zur Verfügung standen, die „auch in schweren Zeiten Treue und Freundschaft bewiesen."[189]

Die Erzählungen von Harro Treplin stehen nicht völlig für sich; es gibt dazu eine freundliche Variation oder Ergänzung, die der Reinbeker Herbert Rathmann in seinem 1973 erschienenen Erinnerungsbuch „Jugendjahre in Reinbek" beisteuert: „Mir fällt noch das Haus der Familie Kommerzienrat Stoltz ein, dieses hochragende Haus mit Turm, das uns sehr gefiel. Es lag hoch über dem Mühlenteich, gegenüber vom Schloß. Auf schlangenförmigen Parkwegen stieg man zum Haus hinauf. Jeden Morgen zur streng festgesetzten Zeit kam der alte Kommerzienrat durch seinen Park herunter, bedächtigen Schrittes den weiten Kurven der Wege folgend. Zu Fuß ging er dann am Mühlenteich entlang zum Bahnhof Reinbek. Mit dem von Aumühle kommenden Zug fuhr er nach Hamburg in sein Büro. Die Uhr konnte man nach seinem Erscheinen stellen, wenn er den Bahnhofsberg hinaufschritt. Mit seinem Spazierstock sah man ihn irgendwelche Abfälle oder achtlos hingeworfenes Papier mit energischem Schwung vom Bürgersteig entfernen. Pünktlichkeit, Korrektheit und Sinn für Ord-

G. Hermann Stoltz (1905)

G. Hermann Stoltz (1905)

nung: diese Tugenden waren es gewesen, die den Erfolg seines bedeutenden Handelshauses sicherten."[190]

Nachzutragen bleibt, dass im Jahr 1958, als Rudolf Hans Stoltz gestorben war, das Wentorfer Grundstück unter dessen Kinder und ihre Erben aufgeteilt wurde. Heute lebt dort als einziges Mitglied der Familie nur noch die Ururenkelin von G. Hermann Stoltz: Dr. Benita v. Beyme, geb. Börner, mit ihrer Familie auf dem ehemaligen Teilbesitz ihrer Großmutter Gerda Schuldt.[191]

169 *Schuldt, Aus dem Leben.*
170 *Treplin; Grönning, Meyer, S. 54, 92.*
171 *Stoltz, Reise, S. 5.*
172 *Ballerstedt; Boehart, Zeiten, S. 16. Vgl. Grüschow, Verhältnisse, S. 97: „Die wirtschaftliche Lage Wentorfs besserte sich im Laufe des 19. Jahrhunderts erheblich. Aus dem jahrhundertelang armen und teilweise ärmsten Dorf wurde allmählich ein wohlhabender Vorort."*
173 *Vgl. etwa Treplin, Familiengeschichten, S. 40, wo von „Reinbek resp. Wentorf" die Rede ist.*
174 *Ballerstedt; Boehart, Zeiten, S. 18 f.*
175 *Grüschow, Bauerndorf, S. 166. Dazu Schröder, Mutzenbecher, S. 32 ff.*
176 *Grüschow, Bauerndorf, S. 166 f. Dazu Schröder Sieveking; Gerhardt, Lorenz-Meyer.*
177 *Dazu Schröder, Ertel, S. 51–56.*
178 *Gespräch mit Hilke und Wilko Börner vom 11. Februar 2016. Dazu Deutsches Geschlechterbuch 209, S. 328; Schröder, Ertel, S. 86, 88.*
179 *Grüschow, Bauerndorf, S. 166.*
180 *Tibeta Stoltz spricht von 32 Morgen (Reise, S. 5); das wären acht Hektar. Grüschow spricht zusammengerechnet von sechs Hektar.*
181 *Rudolph Philipp Christian Jürgens (1850–1930) war ein Gartenbauingenieur, Landschaftsgärtner und Kaufmann. Vgl. Behr, Jürgens.*
182 *Ballerstedt; Boehart, Zeiten, S. 108.*
183 *Siehe Schröder, Ertel, S. 89.*
184 *Gespräch mit Hilke und Wilko Börner vom 11. Februar 2016.*
185 *Ebd.*
186 *Zu der Frage, wann dem Kaufmann G. H. Stoltz in Anerkennung seiner Verdienste um die deutsch-brasilianische Wirtschaft der Titel eines Kommerzienrats verliehen wurde, siehe Kapitel 13, „Umgang mit der Handelskammer Hamburg".*
187 *In seiner 1935 aus Anlass des 90. Geburtstags von G. H. Stoltz gehaltenen Tischrede macht der Neffe Erich Stoltz, an seinen Onkel gewendet, folgende Andeutungen: „(…) So erklärt es sich auch, dass Du nicht ganz hineinpasstest und aufgenommen wurdest in jenen Kreis der grossen Hamburger Kaufleute, die sich in der Handelstätigkeit eine Generation älter fühlten und zu einem wesentlichen Teil deshalb und ebenso durch ihre oft zu weit gesteckten, vielseitigen Pläne längst wirtschaftlich erledigt sind (…)" (Privatarchiv Claudio Stoltz).*
188 *Treplin, Familiengeschichten, S. 40 f.*
189 *Siehe oben S. 64.*
190 *Rathmann, Jugendjahre, S. 23, 25.*
191 *Mitteilung von Wilko H. Börner vom 11. Mai 2018.*

[11]

G. Hermann Stoltz als Mäzen, Stifter und Wohltäter

Die Vorgeschichte zur Gründung der Hamburgischen Wissenschaftlichen Stiftung (HWS) mit der später folgenden Gründung der Universität Hamburg war ein langwieriger Prozess, auf den hier nicht eingegangen werden kann. In der Zeit vor 1907 war Senator Werner von Melle, die treibende Kraft unter den Universitätsbefürwortern, damit beschäftigt, Spendengelder einzuwerben, die den finanziellen Sockel für eine Stiftungsgründung bilden sollten. Monatelang schrieb er an mögliche Spender eine große Zahl von Briefen, „mit sehr verschiedenen Ergebnissen“, wie er in seinen Erinnerungen mitteilt. „Eine nicht unerhebliche Zahl der Empfänger kam meinen Wünschen in dankenswerter, ja vielfach in besonders liebenswürdiger Weise entgegen. Auch habe ich manche interessante Bekanntschaft bei dieser Gelegenheit gemacht, so die meines späteren Kollegen und Freundes Robert Heidmann[192] und des Kommerzienrats Hermann Stoltz.“ Wenig später nennt Melle in alphabetischer Folge eine große Zahl der Begründer der HWS, neben Stoltz beispielsweise Hermann Blohm, Julius Carl Ertel oder Hermann Franz Matthias Mutzenbecher.[193]

In seiner Kulturgeschichte Hamburgs für die Jahre 1890–1920 befasst sich der Richter, Kunstsammler und Kunstkritiker Gustav Schiefler näher mit der Spendenfreudigkeit derer, die mehr oder weniger bereit waren, die Gründung der HWS zu unterstützen. „Max Warburg, Woermann, Schinckel, Siemers[194] gaben zunächst je 50 000 Mark, Arnold Otto Meyer[195] 20 000, Hermann Stoltz versprach 20 000, wenn ein Prozeß gegen die Finanzdeputation beendigt sein würde; Ludwig Lippert[196] stellte 100 000 Mark in Aussicht, wenn es zur Gründung einer Universität käme, sonst wollte er nur 10 000 zahlen.“[197] Bei dem hier von Schiefler erwähnten Prozess kann es sich nur um denjenigen gehandelt haben, den Stoltz, wie von Harro Treplin erzählt, verloren hatte. Ein an Werner von Melle handschriftlich gerichteter Brief, den Stoltz am 10. Oktober 1908 schrieb, bestätigt, dass letzterer die Summe von 20.000 Mark trotz des ungünstigen Prozessausgangs spendete:

„Hochverehrter Herr Senator!
In Verfolg unserer mündlichen Unterhaltung erlaube ich mir, Ihnen doch vor dem Ablauf des mich seit längeren Jahren so sehr incommodirenden besagten Steuerprocesses beistehend die zugesagten Mk 20.000 zu überreichen. Wiederhole ich Ihnen in ganzer Anerkennung Ihrer hervorragenden Verdienste u auch im Namen meiner Freunde den verbindlichsten Dank für Ihre nicht allein Hamburg sondern auch ganz Deutsch-

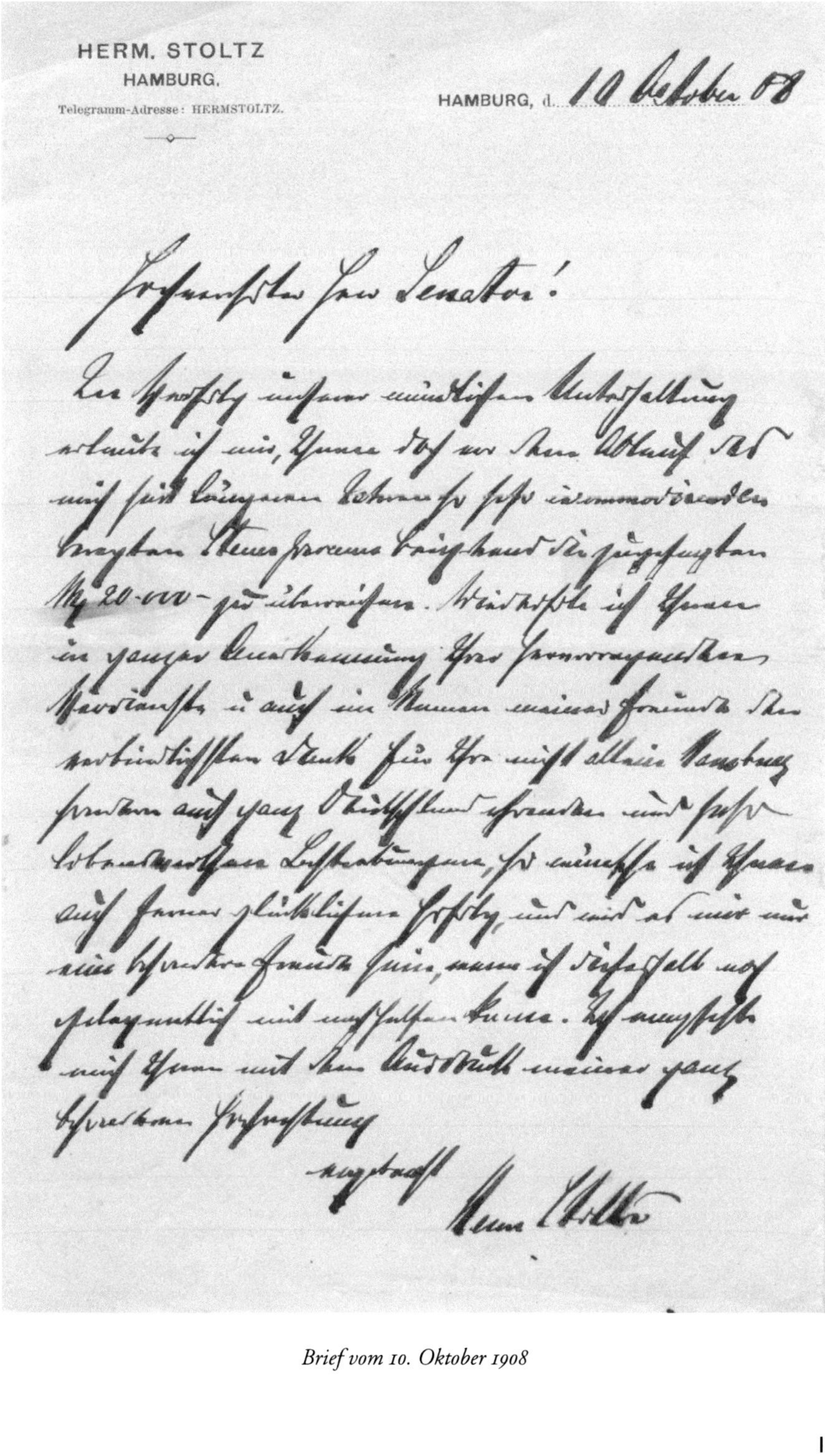
HERM. STOLTZ
HAMBURG.
Telegramm-Adresse: HERMSTOLTZ.

HAMBURG, d. 10 Oktober 08

Hochverehrter Herr Senator!

ergebenst

Herm Stoltz

Brief vom 10. Oktober 1908

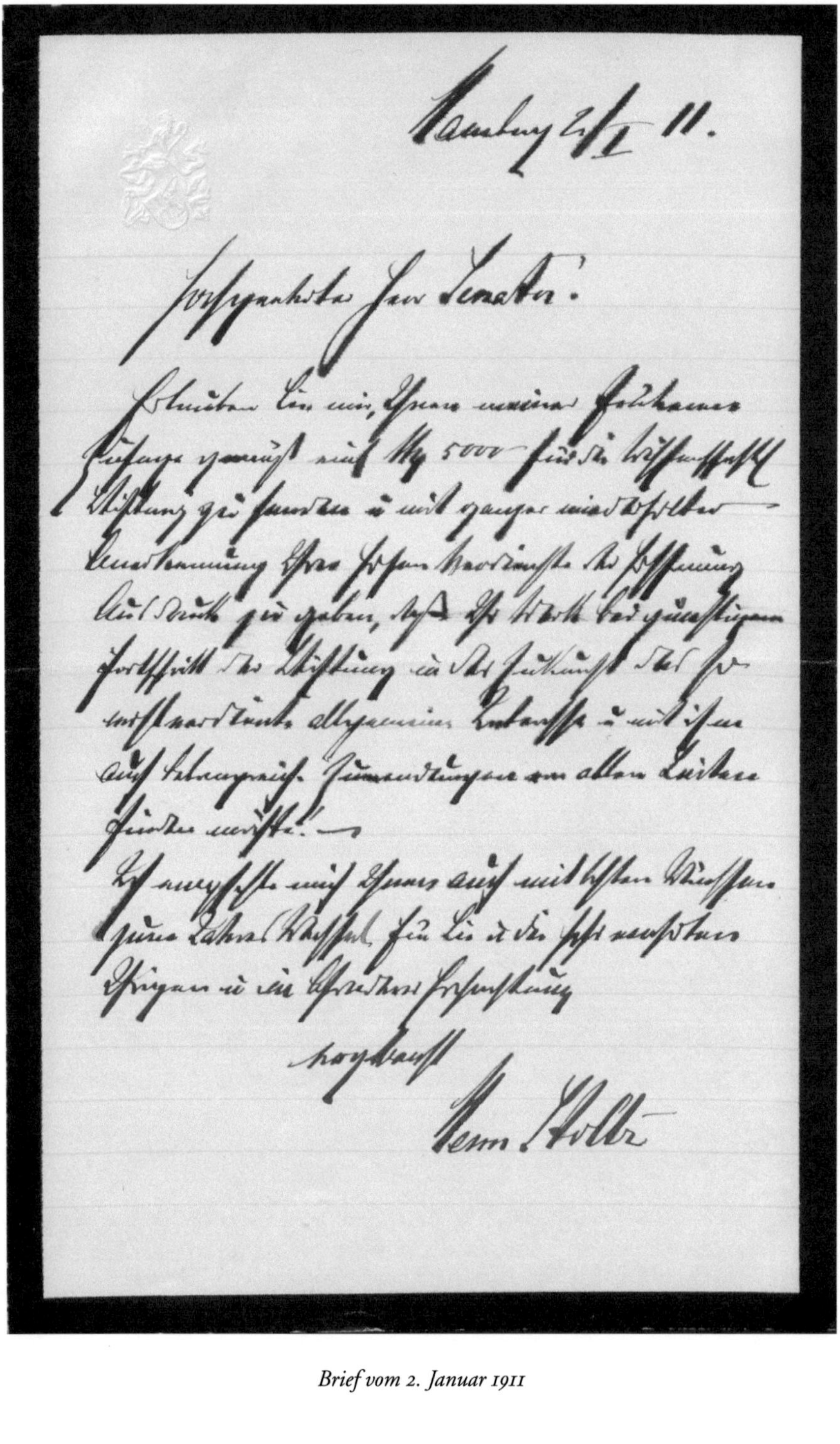

Brief vom 2. Januar 1911

land ehrenden und sehr lobenswerthen Bestrebungen, so wünsche ich Ihnen auch ferner glücklichen Erfolg, und wird es mir nur eine besondere Freude sein, wenn ich dieserhalb noch gelegentlich mit nachhelfen kann. Ich empfehle mich Ihnen mit dem Ausdruck meiner ganz besonderen Hochachtung
ergebenst Herm Stoltz".

DIE persönlichen Schreiben von Georg Hermann Stoltz sind seltene authentische Quellenzeugnisse, die es verdienen, in diesem Abschnitt vollständig zitiert – und auch teilweise reproduziert – zu werden, zumal sie nicht leicht zu entziffern sind. Am 2. Januar 1911 richtete Stoltz an Werner von Melle einen zweiten Brief:

„HOCHGEEHRTER Herr Senator!
Erlauben Sie mir, Ihnen meiner früheren Zusage gemäß nun Mk 5000 für die Wissenschaftl Stiftung zu senden u mit ganzer wiederholter Anerkennung Ihrer hohen Verdienste der Hoffnung Ausdruck zu geben, daß Ihr Werk bei günstigem Fortschritt der Stiftung in der Zukunft das so wohlverdiente allgemeine Interesse u mit ihm auch betragreiche Zuwendungen von allen Seiten finden müßte!
Ich empfehle mich Ihnen auch mit besten Wünschen zum Jahres Wechsel für Sie u die sehr verehrten Ihrigen u in besonderer Hochachtung ergebenst Herm Stoltz".[198]

INSGESAMT spendete Stoltz also der HWS 25.000 Mark, ein ansehnlicher Betrag, mit dem er zu den besonders großzügigen Mäzenen zählte.[199] Die Briefe an Melle zeichnen sich durch eine ausgesuchte, nicht lediglich floskelhaft oder zeittypisch wirkende Höflichkeit aus. Dem Briefschreiber scheint es wichtig gewesen zu sein und am Herzen gelegen zu haben, in der schriftlichen Äußerung eine Verbindung aus Freundlichkeit, Bewunderung und Ehrerbietung herzustellen.

WIE sehr G. H. Stoltz die Förderung von Bildung und Erziehung ein besonderes Anliegen war, offenbart der Schriftwechsel, der, beginnend mit dem Kriegsjahr 1915, im Stadtarchiv Lüneburg dokumentiert ist und der die Unterstützung des dortigen Johanneums betrifft. Seine Lernerfahrungen am Gymnasium, die in entscheidender Hinsicht das Fundament für seine Karriere und seinen Erfolg bildeten, hatte Stoltz zeitlebens nicht vergessen. In einem ersten handschriftlichen Schreiben vom 5. Oktober 1915, gerichtet an den Magistrat der Stadt Lüneburg, berichtet der Direktor des Johanneums, Hölk, unter dem Betreff „Meldung von einer Schenkung" (vom Magistrat mit dem Eingangsstempel „5t. NOV. 15" versehen):[200]

„ANLÄSSLICH seines 70. Geburtstages hat ein früherer Schüler des Johanneums, Herr Kommerzienrat Hermann Stoltz in Hamburg, mir 1000 M übersandt, um damit eine Stiftung zu begründen, aus deren Zinsen an würdige Schüler bei gegebener Gelegenheit Schulprämien, insbesondere Bücher, verteilt werden sollen.
Die Verwaltung der Stiftung soll der Direktor des Johanneums führen.
Ich habe für das Geld vorläufig Kriegsanleihe gekauft.

Hölk"

DREI Tage später, am 8. November 1915, folgt ein weiteres Schreiben Hölks:

G. Hermann Stoltz (um 1910)

„Der Herr Kommerzienrat Hermann Stoltz in Reinbek hat seine Stiftung nachträglich um 1000 M erhöht, so daß sie jetzt 2000 M beträgt."

....

Dazu erklärt das Königliche Provinzial-Schul-Kollegium der Provinz Hannover am 9. Nov. 1915 dem Direktor des Johanneums in Lüneburg:

....

„Zur Annahme der Schenkung des Kommerzienrats Stoltz in Hamburg bedarf es einer besonderen Genehmigung nicht. Nur Schenkungen über 5000 M müssen genehmigt werden."

....

Ein in „Reinbek-Wentorf" am 16. November 1920 verfasstes Dankesschreiben von Hermann Stoltz an den Lüneburger Magistrat offenbart, dass der Stadt daran gelegen ist, sich das Wohlwollen des Mäzens zu erhalten:

....

„Hocherfreut und beschämt durch den überaus freundlichen Draht-Glückwunsch zu meinem 75. Geburtstage spreche ich hierdurch meinen herzlichsten Dank aus und verbleibe mit dem Ausdruck meiner vorzüglichen Hochachtung

Herm. Stoltz"

....

Knapp vier Jahre später, am 15. August 1924, erreichte den Direktor des Johanneums (ohne Anrede) ein inhaltsschwerer getippter, von Hermann Stoltz unterschriebener Brief:

....

„Mit einem Kapital von 30.000 M. (dreissigtausend Mark) beabsichtige ich, eine Stiftung zu errichten, die dazu dienen soll, innerhalb der Stadt Lüneburg Wohnungen zu schaffen, und zwar sollen zunächst zwei Einfamilienhäuser gebaut werden.

Das Eigentumsrecht an dem Vermögen der Stiftung hat die Stadt Lüneburg, die gehalten ist, dieses Vermögen getrennt von ihrem übrigen Vermögen zu verwalten und seine Erträgnisse lediglich zu den in diesem Statut angegebenen Zwecken zu verwenden.

Die Stadt verpflichtet sich, die zum Bau der aus den Mit[t]eln dieser Stiftung errichteten Häuser nötigen Grundstücke der Stiftung kostenfrei zu überlassen und die Kosten für Wasser-, Gas- und elektrischen Stromanschluss sowie für Kanalisation und etwaigen Strassenausbau auf sich zu nehmen.

Als Miete sollen für die Häuser erhoben werden 5½ % der Herstellungskosten, die von der Stadt übernommenen Kosten nicht miteingerechnet. Aus diesen Mieterträgen sollen von der Stiftung alle öffentlichen Abgaben und Lasten sowie die Kosten für Brandschadenversicherung und sonstige zu Gunsten der Gebäude etwa noch abgeschlossene Versicherungen getragen, dazu die Zinsen für etwa aufgenommene Hypotheken gezahlt und die für die Erhaltung und Wohnlichkeit der Häuser nötigen Reparaturen besorgt werden.

Ergibt sich nach Abzug der für diese Leistungen aufzubringenden Beträge noch ein Ueberschuss aus den Mieten, so soll dieser dem Johanneum zu Lüneburg zugutekommen und für solche Zwecke verwendet werden, die der körp[er]lichen, geistigen und sittlichen Entwicklung der Schüler oder der Förderung der erziehlichen und wissenschaftlichen Arbeit der Schule dienen.

Die Verwaltung der Stiftung soll in den Händen eines Kuratoriums liegen, das gebildet wird aus

1. dem jeweiligen Leiter des Johanneums als Vorsitzenden;

2. einem Mitgliede des Magistrates als Vertreter der städtischen Körperschaften, das

von dem Oberbürgermeister der Stadt bestimmt wird.
3. einem Mitgliede des Lehrkörpers des Johanneums, das von dem Lehrkörper gewählt wird.
Das Kuratorium fasst seine Beschlüsse mit einfacher Mehrheit.
Ueber die Verwendung der etwaigen Ueberschüsse eines Jahres zugunsten der Schule (s. o.) entscheidet das Kuratorium auf Antrag der Lehrerkonferenz; es kann die Entscheidung dem Lehrerkollegium des Johanneums überlassen.
Das Rechnungsjahr ist das Kalenderjahr; alljährlich zwischen dem 15. Februar und 15. März muss dem Kuratorium aufgrund der von der Kämmerei zu beschaffenden Unterlagen von dem mit der Rechnungsführung beauftragten Mitgliede über Einnahmen und Ausgaben des letzten Rechnungsjahres sowie den Vermögensstand an seinem Ende Bericht erstattet werden.

Hermann Stoltz“.

DIESE im Einzelnen sehr detailliert ausgearbeitete Verfügung bleibt in einer Hinsicht unbestimmt: Für welche Art von Mietern sind die beiden zu errichtenden Einfamilienhäuser gedacht? Offenbar sollten sie vorrangig für Lehrer und ihre Familien bestimmt sein. Viele Jahrzehnte später, in einer Ausarbeitung des Verwaltungsausschusses im Rat der Hansestadt Lüneburg vom 18. Februar 2005, wird zur weiterhin bestehenden Hermann Stoltz-Stiftung erklärt, sie „sollte vorrangig dazu dienen, in der Stadt Lüneburg Wohngebäude zu errichten. Nachrangig soll das Johanneum gefördert werden.“[201] Mit dem weiteren Schriftverkehr, der hier nicht mehr in allen Einzelheiten dokumentiert wird, zeigt sich, dass in der Barkhausenstraße 42 und 44 zwei Häuser den Weisungen der Stoltzschen Verfügung entsprechend errichtet wurden.

ZUNÄCHST einmal bestätigte der Direktor des Johanneums, D. Hackmann, am 19. August 1924 dem Oberbürgermeister der Stadt Lüneburg den Eingang des von Stoltz übersandten Schreibens:

„IN der Anlage übersende ich ergebenst ein mir von Herrn Kommerzienrat Stoltz-Hamburg zugegangenes Schreiben, das die Statuten für die von ihm errichtete Stiftung enthält. Den Magistrat bitte ich, über die Annahme der Stiftung Beschluss zu fassen und mir das Ergebnis mitzuteilen, damit ich die Ueberweisung des Geldes veranlassen kann.“

DER Magistrat erklärte sich in seiner Sitzung vom 26. August 1924 zur Annahme der Stiftung bereit. Dem Stifter sollte „ein besonderes Dankschreiben“ zugehen. Außerdem bedurfte der Magistrat „noch der Zustimmung des Bürgervorsteherkollegiums und der Genehmigung der Aufsichtsbehörde“. In dem „Auszug aus dem General-Protokolle des Magistrats der Stadt Lüneburg vom 18. September 1924“ heißt es dann:

„IN Mitanwesenheit des Bürgervorsteher-Kollegiums wurde zu Protokoll verhandelt: Annahme der Stiftung des Kommerzienrats Stoltz Hamburg.
Die städtischen Körperschaften beschliessen, die von dem Kommerzienrat Hermann Stoltz in Hamburg angebotene Stiftung von 30 000 G.=M unter den in dem Schreiben des Stifters vom 15. August 1924 aufgeführten Bedingungen anzunehmen.“

DAS Procedere zur endgültigen Gründung

HERM. STOLTZ
HAMBURG

Hamburg, 15. August 1924

Mit einem Kapital von 30.000 M (dreissigtausend Mark) beabsichtige ich, eine Stiftung zu errichten, die dazu dienen soll, innerhalb der Stadt Lüneburg Wohnungen zu schaffen, und zwar sollen zunächst zwei Einfamilienhäuser gebaut werden.

Das Eigentumsrecht an dem Vermögen der Stiftung hat die Stadt Lüneburg, die gehalten ist, dieses Vermögen getrennt von ihrem übrigen Vermögen zu verwalten und seine Erträgnisse lediglich zu den in diesem Statut angegebenen Zwecken zu verwenden.

Die Stadt verpflichtet sich, die zum Bau der aus den Miteln dieser Stiftung errichteten Häuser nötigen Grundstücke der Stiftung kostenfrei zu überlassen und die Kosten für Wasser- Gas- und elektrischen Stromanschluss sowie für Kanalisation und etwaigen Strassenausbau auf sich zu nehmen.

Als Miete sollen für die Häuser erhoben werden 5½% der Herstellungskosten, die von der Stadt übernommenen Kosten nicht miteingerechnet. Aus diesen Mieterträgen sollen von der Stiftung alle öffentlichen Abgaben und Lasten sowie die Kosten für Brandschadenversicherung und sonstige zu Gunsten der Gebäude etwa noch abgeschlossene Versicherungen getragen, dazu die Zinsen für etwa aufgenommene Hypotheken gezahlt und die für die Erhaltung und Wohnlichkeit der Häuser nötigen Reparaturen besorgt werden.

Ergibt sich nach Abzug der für diese Leistungen aufzubringenden Beträge noch ein Ueberschuss aus den Mieten, so soll dieser dem Johanneum zu Lüneburg zugutekommen und für solche Zwecke verwendet werden, die der körplichen, geistigen und sittlichen Entwicklung der Schüler oder der Förderung der erziehlichen und wissenschaftlichen Arbeit der Schule dienen.

Die Verwaltung der Stiftung soll in den Händen eines Kuratoriums liegen, das gebildet wird aus

1. dem jeweiligen Leiter des Johanneums als Vorsitzenden;
2. einem Mitgliede des Magistrates als Vertreter der städtischen Körperschaften, das von dem Oberbürgermeister der Stadt bestimmt wird.
3. einem Mitgliede des Lehrkörpers des Johanneums, das von dem Lehrkörper gewählt wird.

Das Kuratorium fasst seine Beschlüsse mit einfacher Mehrheit

Ueber die Verwendung der etwaigen Ueberschüsse eines Jahres zugunsten der Schule (s.o.) entscheidet das Kuratorium auf Antrag der Lehrerkonferenz; es kann die Entscheidung dem Lehrerkollegium des Johanneums überlassen.

Das Rechnungsjahr ist das Kalenderjahr; alljährlich zwischen dem 15. Februar und 15. März muss dem Kuratorium aufgrund der von der Kämmerei zu beschaffenden Unterlagen von dem mit der Rechnungsführung beauftragten Mitgliede über Einnahmen und Ausgaben des letzten Rechnungsjahres sowie den Vermögensstand an seinem Ende Bericht erstattet werden.

Hermann Stoltz

Schreiben von G. H. Stoltz an den Direktor des Johanneums in Lüneburg vom 15. August 1924

der Hermann Stoltz-Stiftung war damit nicht abgeschlossen. Mit Datum vom 16. November 1924 wurde vom preußischen Staatsministerium in Berlin eine Urkunde ausgestellt:

„Es wird hierdurch die Genehmigung zu der Zuwendung von 30 000 (dreissigtausend) Reichsmark erteilt, die der Kommerzienrat Hermann Stoltz in Hamburg mit Schenkungsschreiben vom 15. August 1924 der Stadtgemeinde Lüneburg zu Wohlfahrtszwecken gemacht hat." Unterzeichnet ist die Urkunde vom „Minister für Volkswohlfahrt. In Vertretung gez. Scheidt."

Mit Wirkung vom 4. Februar 1925 waren die beiden Häuser Barkhausenstraße 42 und 44 schließlich von der Landschaftlichen Brandkasse Hannover über einen Gebäudeversicherungsschein, der auf die Summe von 18.767 Reichsmark ausgestellt ist, feuerversichert. Dabei handelte es sich, zunächst für die Dauer bis Ende 1935, um die Versicherung eines Wohnhauses mit Anbauten sowie eines Wohnhauses mit einem Flügel und einem Balkon.

In weiteren Dokumenten des Stadtarchivs Lüneburg, die Vorgänge bis ins Jahr 1934 betreffen, geht es um Jahresrechnungen der Hermann Stoltz-Stiftung, die dem Magistrat von der Stadtkämmerei überreicht wurden. Im Juli 1930 wurde für das Haus Barkhausenstraße 44 ein auffällig hoher Wasserverbrauch beanstandet. Dazu wurde festgestellt, dass der Wasserverbrauch durch eine große Familie, die Besprengung des Gartens und die Spülabortanlagen verursacht ist. Mit einem Schreiben vom 30. August 1930 kam es zu einer Neuregelung: „Nach einem Beschluss des Kuratoriums der Hermann Stolz-Stiftung [sic] vom 29. ds. Mts. sollen in Zukunft aus den Stiftungsgeldern an Wassergeld höchstens 40,– RM jährlich bezahlt werden. Ein etwaiger Mehrbetrag ist von dem Nutzniesser des Grundstücks zu tragen." Am 6. September 1930 wurde die Angelegenheit „als erledigt angesehen."

Was die Schenkung ans Johanneum aus dem Jahr 1915 angeht, so teilte der Direktor am 7. Mai 1931 dem Magistrat mit, dass die als Kriegsanleihe angelegten 2.000 M in eine „Anleiheablösungsschuld in Höhe von 50 RM mit Auslosungsrecht" umgewandelt worden sind. „Außerdem besitzt die damalige Stoltzstiftung ein Sparkassenbuch bei der Städt. Sparkasse, dessen Bestand auf 38,10 M aufgewertet ist. Die Papiere sind im Gewahrsam des Verwalters der Stiftung, des St. Rts [Studienrats, HJS] Nolte (…)."

Im selben Jahr wirkten sich die gesamtpolitischen Verhältnisse direkt auf die Belange der Stiftung aus. „Auf Grund der 4. Notverordnung vom 8. 12. 1931 hat das Kuratorium der Hermann Stoltz-Stiftung am 19. ds. Mts. beschlossen, die Mieten in den Häusern Barsthausenstraße [sic] 42 und 44 um den durch Senkung der Hypothekenzinsen ersparten Betrag von 160 RM zu senken (…)." Um eine Herabsetzung der Mieten bat der Oberbürgermeister der Stadt Lüneburg auch in einem an G. H. Stoltz gerichteten Brief vom 20. April 1934. Am 22. Mai 1934 antwortete Stoltz, dass er der Bitte um eine entsprechende Satzungsänderung in der Stiftungsurkunde gern nachkomme. Ein weiteres Mal die Miete betreffend beschloss das Kuratorium am 4. September 1934: „Der Mietpreis für das von dem komm. Leiter des Johanneums bewohnte Haus Barckhausenstraße Nr. 42 wird vom 1. Oktober 1934 ab bis auf weiteres, längstens jedoch bis zum 31. März 1935 auf 100,– RM herabgesetzt."

EINE nicht aus Amts- und Behördensicht stammende Zusammenfassung zur Bedeutung der Hermann Stoltz-Stiftung findet sich unter dem Titel „Ein Mann und sein Lebenswerk" im November 1935 (ohne nähere Angaben) in den „Lüneburgischen Anzeigen", anonym verfasst zum 90. Geburtstag von Hermann Stoltz: „Das hochbetagte Geburtstagskind ist ein treues Mitglied der Vereinigung ehemaliger Johanneumsschüler und ließ es sich bis in die letzte Zeit hinein nicht nehmen, zu jeder Generalversammlung der Vereinigung, die ihm durch Sonderbeiträge tatkräftige Unterstützung verdankt, zu erscheinen und an ihren Kommersen teilzunehmen. Auch für seine alte Schule sorgte Hermann Stoltz in großzügiger Weise. Schon vor zwanzig Jahren stiftete er einen Betrag, dessen Zinsen für Schulprämien, besonders in Gestalt von Büchern, an würdige Schüler bestimmt waren. Nachdem dieser Betrag durch die Inflation entwertet war, erneuerte er ihn nochmals, so daß weiter alljährlich an je einen Schüler aus jeder Klasse eine Prämie verteilt werden und Beträge für die Fortbildung der Lehrer und für die Schülerhilfskasse abgezweigt werden konnten. 1924 stellte Hermann Stoltz der Stadt eine namhafte Summe zur Verfügung für den Bau von zwei Einfamilienhäusern, die an zwei Mitglieder des Lehrerkollegiums vermietet sind und deren Mietüberschüsse gemeinnützigen Schulzwecken zugutekommen und insbesondere Neuanschaffungen, wie z. B. der Erwerbung eines Radiogeräts, eines Lichtbildapparats usw. dienen."[202]

DAMIT ist die Geschichte der Hermann Stoltz-Stiftung für die Zeit von 1924 bis 1934 in wesentlichen Linien nachgezeichnet. Wie sich diese Geschichte in den weiteren 84 Jahren, also bis in die Gegenwart hinein darstellt, muss offenbleiben. Eine aufschlussreiche Zahl, die in der oben erwähnten Ausarbeitung des Verwaltungsausschusses im Rat der Hansestadt Lüneburg vom 18. Februar 2005 genannt wird, soll bei alledem nicht unbeachtet bleiben: Das Vermögen der rechtlich unselbständigen Hermann Stoltz-Stiftung betrug nach Abschluss des Haushaltsjahres 2003 am 31. Dezember 145.928,44 Euro.[203]

NEBEN den Großspenden für die Hamburgische Wissenschaftliche Stiftung in Hamburg und die Hermann Stoltz-Stiftung in Lüneburg war es dem wohlhabenden Kaufmann immer wieder ein Anliegen, sich auch gewissermaßen im Kleinen als Helfer und Wohltäter erkenntlich zu zeigen. Einem angeheirateten Verwandten namens Ernst Jentz beispielsweise bot er ungefähr 1890 „reichliche Hilfe an für die erste Zeit seiner Praxis"; der studierte Mediziner Jentz hatte es „[t]rotz aller freundlichen Hilfe" anfangs schwer mit dem Aufbau einer eigenen Arztpraxis, allmählich aber gelang es ihm gut, sich emporzuarbeiten."[204]

NEBEN den beiden oben zitierten Briefen an Werner von Melle liefern immerhin zwei weitere in originaler Handschrift erhaltene Briefe eine anschauliche Vorstellung davon, wie sehr Georg Hermann Stoltz bestrebt war, anderen Freude zu machen und großzügige Hilfe zu gewähren. Einer Unbekannten, der er 300 Mark zukommen ließ – so ein Bleistiftvermerk auf dem Original, bei dem es sich vermutlich um einen Briefentwurf handelt –, schrieb er am 9. Mai 1911:

„Sehr verehrte Frau Geheimrat!
Mit ganz ergebensten Grüßen bitte ich Sie heute, eine kleine Belästigung zu entschuldigen, aber ich hoffe, daß Sie meinen Wunsch verstehen u deshalb auch freundlichst auf meine Bitte eingehen möchten! Es liegt mir sehr daran, Ihrem sehr geschätzten Herrn Geheimrath als kleines Zeichen meiner dankbaren Verehrung für seinen mir ertheilten Rath irgend eine ihm angenehme Aufmerksamkeit zu erweisen, u komme ich nun aber mit Rücksicht auf Ihre bessere Vertrautheit mit seinem Geschmack nach manchem Zweifel eben zu der Bitte, daß Sie gnädige Frau mir gütigst helfen u für die Einlage das Geschenk auswählen möchten. Während hiesig[e] Auswahl [mit] einer Hälfte mehr Kosten[?] ja ohnehin schlecht Gelegenheit zum event[uell] erwünschten Umtausch bieten würde, bin ich natürlich gern mit jeder Bestimmung u Wahl nach Ihrem Urtheil einverstanden u bietet ja auch das Frühjahr vielleicht Gelegenheit zu einer Ihnen oder Herrn Geheimrath u Kindern angenehmen kleinen Reise.
Nun, Sie werden mich freundlichst verstehen u entschuldigen, u. danke ich Ihnen jedenfalls schon im Voraus und von Herzen für gütige Erfüllung meines Wunsches. Gottlob kann ich Ihnen von meinen Kindern u mir nur Gutes melden u hoffe ich stets ein Gleiches von Ihnen u allen verehrten Ihrigen zu hören. Mit dem Ausdruck besondrer Hochachtung
Ihr stets freundschaftl ergebenster
Herm Stoltz“[205]

Mit einer wiederum ausgesuchten, fast ein wenig umständlich wirkenden Höflichkeit bittet Stoltz seine Adressatin, sich Gedanken zu machen über ein möglichst passendes Geschenk für den Herrn Geheimrat. Stoltz möchte nicht irgendetwas Beliebiges schenken, sondern etwas, womit er dem Beschenkten ein wirkliches Bedürfnis erfüllt.

An dieser Stelle sei angemerkt, dass G. H. Stoltz bei aller Großherzigkeit, aller Freigebigkeit gegenüber Außenstehenden und Verwandten zugleich ein Mann von entschiedenen, eigenwilligen Ansichten war. Während einer Romreise, die er mit seiner Familie unternahm, erwies die jüngste Tochter Elena sich als besonders kunstsinnig. Sie verlangte mehr Zeit für die Besichtigung der an Kunstwerken überreichen Stadt. Hermann jedoch war ungeduldig, er sagte: „Gesamteindruck genügt“. Als Elena weiterhin Einspruch erhob, erklärte er: „Wenn ich nicht da wäre, wärt ihr alle nicht hier!“[206]

In einem weiteren Brief, der mit großer Wahrscheinlichkeit am 5. Februar 1920 geschrieben wurde – die Endziffer der Jahreszahl ist wegen einer späteren Lochung des Briefs nicht eindeutig identifizierbar –, äußerte Stoltz sich weniger förmlich. Seinem 1901 in Wentorf geborenen Enkelsohn Hermann Gleisner[207] schenkte er „für die passende spätere Zeit eine Reise nach Brasilien“. Der Brief stammt aus Rio de Janeiro, Hermann Stoltz hielt sich also gerade wieder einmal in Südamerika auf.

„Mein lieber Hermann!
Freundlichen Gruß Euch Allen u Dank für Deinen lieben so ausführlichen Brief, der mich sehr erfreute! Ich kann mir denken, wie gern Du Dich demnächst vom Militair verabschieden u Deinem selbst gewählten und bessern Lauf folgen möcht[est]. Da ich nicht weiß, wann Du dann später einmal wieder passende Ferien od Zeit hast, möchte

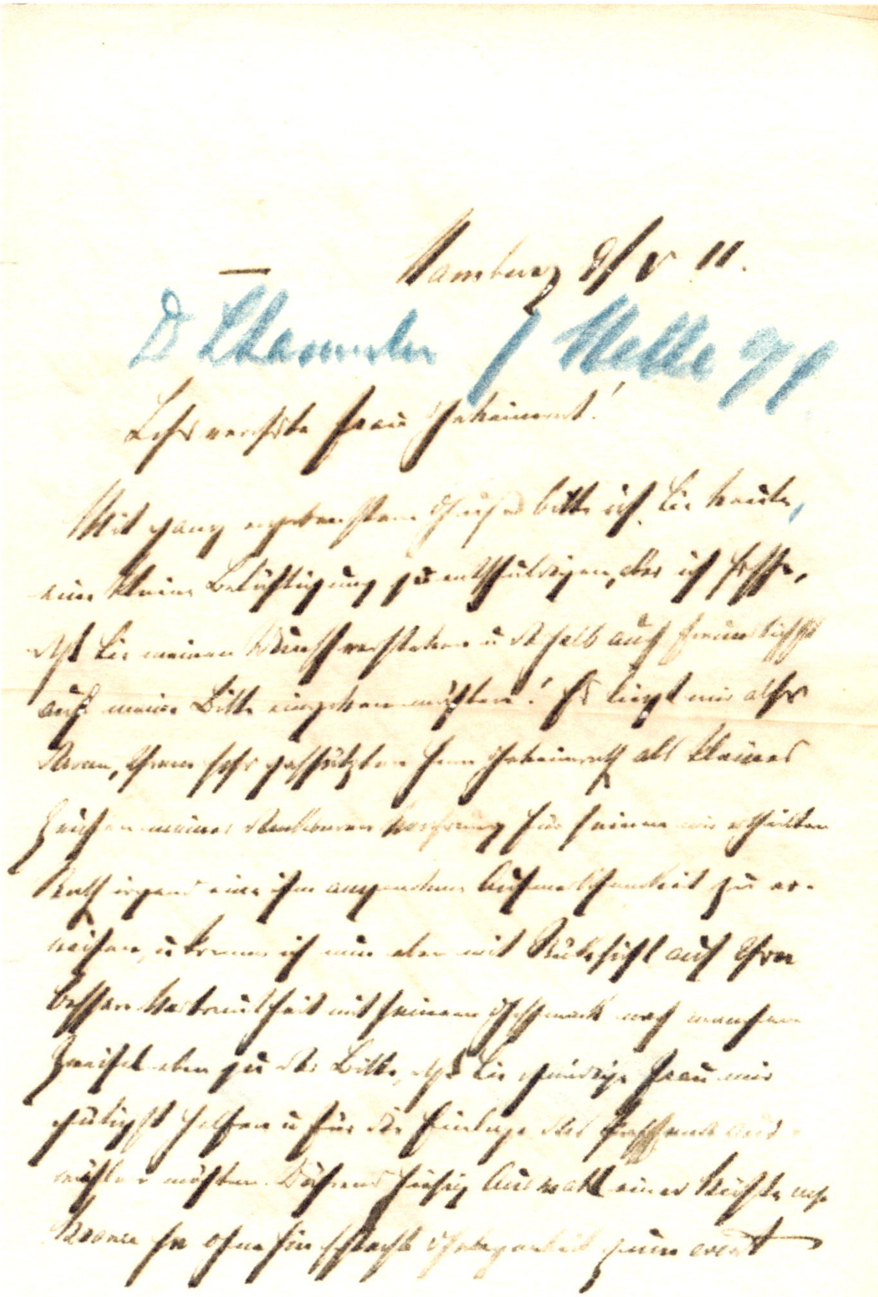

Brief vom 9. Mai 1911, Vorderseite

ich Dir doch mit Rücksicht auf mein Alter als meinem Pathenkind u ältesten Enkel schon heute eine kleine Freude machen u Dir für die passende spätere Zeit eine Reise nach Brasilien schenken, die Du Dir dann später, wenn ich nicht mehr leben sollte, gegen diesen Brief an Onkel Hans als meinem [unleserlich, HJS] Erben vergüten resp alle mit der brasil Reise zusammenhängenden Spesen auszahlen lassen kannst! Wünsche ich Dir dieserhalb schon im voraus von Herzen Glück u besten Erfolg, so hoffe ich gern, daß Du von der Reise nach passender Vorbereitung ebenso viel profitirst, wie meine jetzigen beiden Reisebegleiter, die von ihrer Studien Reise begeistert fürs ganze Leben Freude von ihr haben werden! Wie ihr jedenfalls schon durchs Comptoir hörtet, werde ich wohl schon Anfang März [zwei Wörter unleserlich, HJS] heimreisen und hoffe ich, Euch dann also Anfang April im besten Wohlsein zu begrüßen und von Allem besser mündlich berichten zu können, wie es mir bei meiner hiesig reichlichen Arbeit durch die Feder möglich sein würde. Es ist hier überall viel zu sehen und hoch interessant, zumal sich Mittel u Südbrasilien in den letzten Kriegsjahren ganz enorm entwickelt und speziell Rio u Sao Paulo in einer Weise herausgemacht haben, wie es wohl Niemand erwarten konnte! Hamburg fällt jedenfalls ganz bedeutend gegen Rio ab! Daß wir früher Bohnen, Fleisch, Reis, Mehl, Schmalz importirten und trotz der hiesig bdeutend höheren Productions Spesen jetzt ganze Ladungen dieser Consum Artikel nach Europa gehen, habe ich Euch einst schon erzählt. Aber leider leider ist jetzt ein großer Theil der bedeutendsten neuen Unternehmungen in Amerikan. Englischen Händen, während Deutschland hier ganz ohne polit Vertretung, ohne eigene Schiffahrt und genügende Finanz Mittel vorläufig stark an die Wand gedrückt ist! Ob wir nun in 5–10 Jahren wieder genügend Kraft-Mittel finden!?? Doch genug für heute! Nochmals allseitig freundlichste u [unleserlich, HJS] Empfehlung auch an Deine liebe Großmutter (…).“[208]

DIESER Brief, der bis auf wenige nicht zu entziffernde Wörter an seinem Schluss vollständig wiedergegeben worden ist, offenbart im ersten Teil noch einmal, auf welche Weise Hermann Stoltz sich auch unter seinen nächsten Angehörigen als Wohltäter erweist. Im zweiten Teil des Briefs kommt er dann auf allgemeine wirtschaftliche Entwicklungen im deutsch-brasilianischen Verhältnis zu sprechen, wie sie sich durch den Ersten Weltkrieg und seine Auswirkungen ergeben haben.

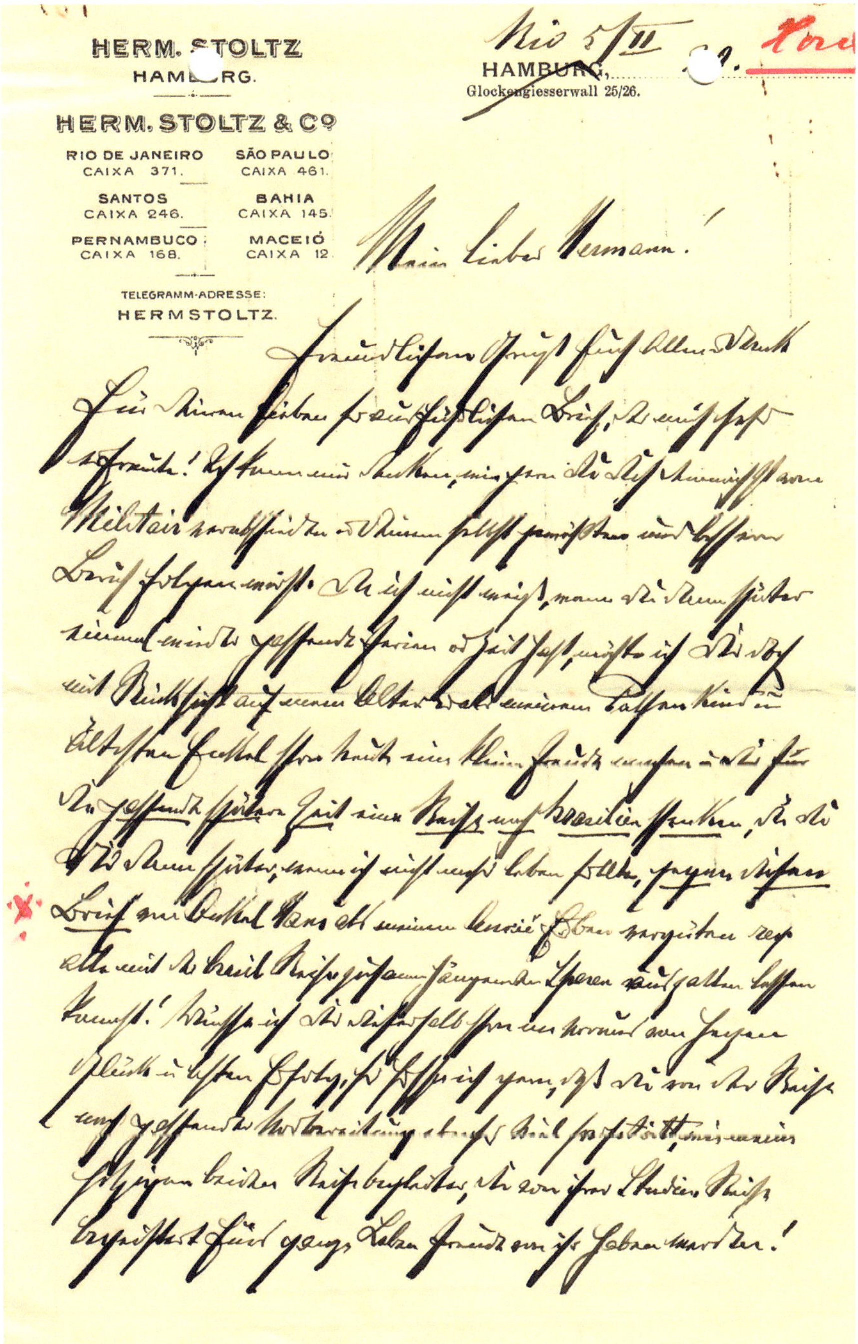

HERM. STOLTZ
HAMBURG.

HERM. STOLTZ & Co
RIO DE JANEIRO
CAIXA 371.
SÃO PAULO
CAIXA 461.
SANTOS
CAIXA 246.
BAHIA
CAIXA 145.
PERNAMBUCO
CAIXA 168.
MACEIÓ
CAIXA 12.
TELEGRAMM-ADRESSE:
HERMSTOLTZ.

Rio 5/VII
HAMBURG,
Glockengiesserwall 25/26.

Mein lieber Hermann!

Vorderseite des Briefs von G. Hermann Stoltz an seinen Enkel Hermann Gleisner

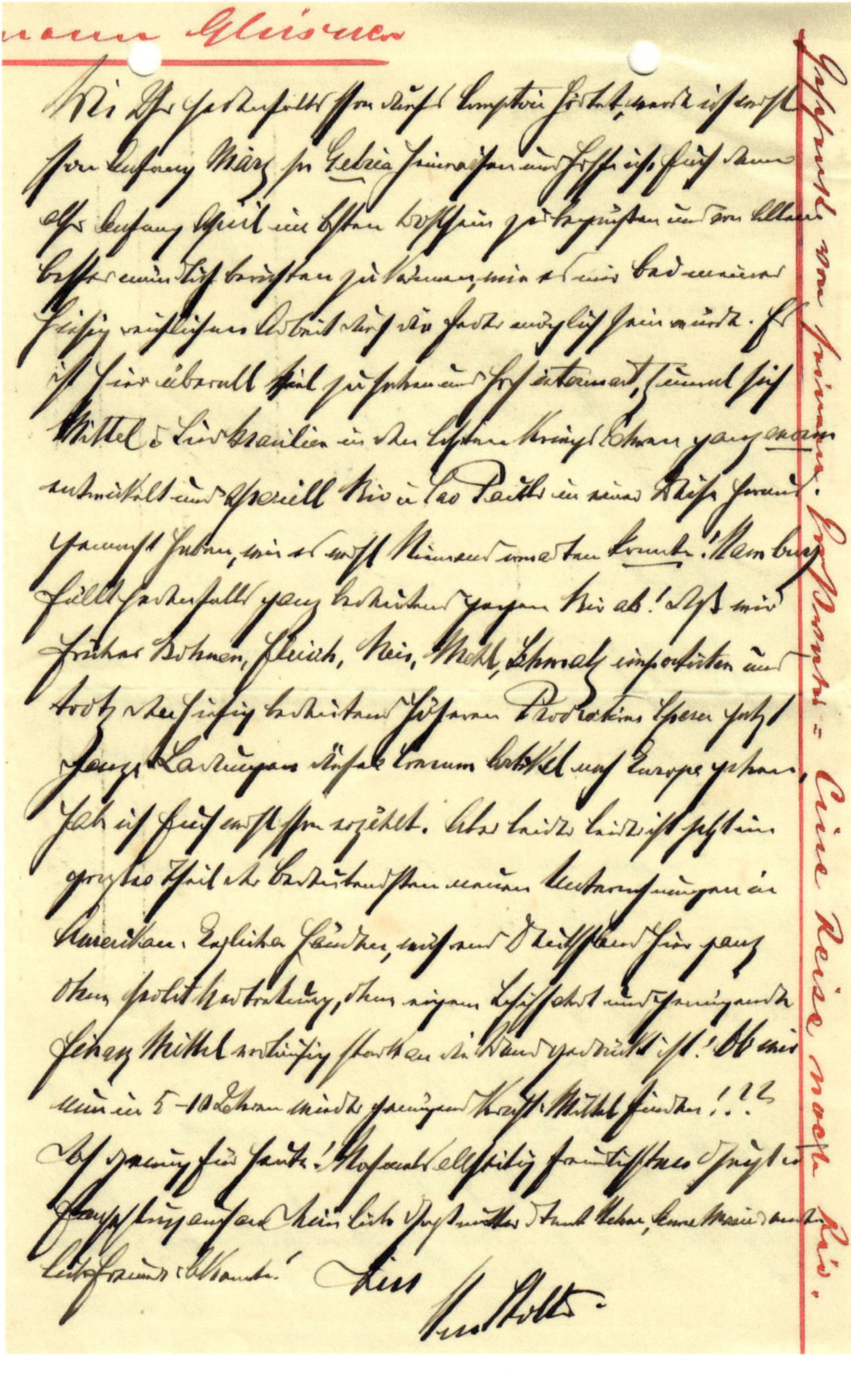

Rückseite des Briefs an Hermann Gleisner

192 *Robert Woldemar Heidmann (1858–1914) war ein Kaufmann – von 1909 bis zu seinem Tod Senator in Hamburg –, der die Gründung der Universität Hamburg entschieden befürwortete. Vgl. Gerhardt, Begründer, S. 47.*

193 *Melle, Dreißig Jahre, S. 405, 407.*

194 *Siehe dazu Gerhardt, Begründer, S. 63, 65, 74 f., 77. Außerdem ders., Siemers, und Michels, „Es muß besser werden!"*

195 *Siehe dazu oben S. 33.*

196 *Ludwig Julius Lippert (1835–1918) war ein Hamburger Jurist, Kaufmann und Kunstsammler. Siehe Näheres bei Albrecht, Diamanten.*

197 *Schiefler, Kulturgeschichte, S. 360.*

198 *Staatsbibliothek Hamburg, Handschriftensammlung, Signatur NvM: HKa: Stoltz, Hermann 1–2 und 3–4.*

199 *Im „Hauptbuch 1906/1914" der Hamburgischen Wissenschaftliches Stiftung, S. 9 und 10, sind unter den Daten vom 12. Oktober 1908 und 2. Januar 1911 die Spendenbeträge von 20.000,– und 5.000,– Mark eingetragen.*

200 *Dieses Dokument sowie die folgenden Dokumente zur Hermann Stoltz-Stiftung werden im Stadtarchiv Lüneburg als „Acta specialia" unter der Signatur SA 1067 aufbewahrt.*

201 *Hansestadt Lüneburg (http://www.stadt.lueneburg.de/bi/vo020.asp?VOLFDNR=1251#allrisBV; Stand: 3. August 2018).*

202 *Zeitungsartikel eingeklebt im „Gedenkbuch 11. November 1935" (unpaginiert).*

203 *Wie Anm. 201.*

204 *Treplin; Grönning, Meyer, S. 60.*

205 *Privatarchiv Peter Jacubowsky.*

206 *Gespräch mit Hilke und Wilko Börner vom 11. Februar 2016.*

207 *Hermann Gleisner (1901–1981) war der älteste Sohn von Elisabeth (Lisbeth) Gleisner, geb. Stoltz. Als dritte Tochter von G. Hermann Stoltz hatte sie am 11. Mai 1900 in Wentorf Moritz (Mauricio) Gleisner (1871–1922) geheiratet. Deutsches Geschlechterbuch 209, S. 321.*

208 *Privatarchiv Claudio Stoltz.*

[12]

Erster Weltkrieg und Folgejahre

Die Nachrichten vom Ausbruch des Ersten Weltkrieges Ende Juli/Anfang August 1914 machten bei den „Rio-Deutschen", wie Heinrich Hinden sie nennt, „einen überwältigenden Eindruck"[209] – eine teils sicher zutreffende, teils aber auch unbestimmt bleibende Kennzeichnung. Hinden spricht nicht von Kriegsbegeisterung, wie sie in Europa weit verbreitet war, er deutet nur an, dass die „alte Ideenwelt, der gewohnte Gedankenkreis" sich änderte. Sehr viel eindeutiger leitet Tibeta Stoltz ihre Erklärungen zum Krieg von 1914/18 ein: „Mit dem Ausbruch des ersten Weltkrieges begann eine schlimme Durststrecke. Die gewinnbringenden Importe fielen aus, man versuchte sich mit dem Innerbrasilianischen Handel über Wasser zu halten."[210]

Seinen Ausführungen zum Ersten Weltkrieg schickt Hinden die Einschränkung voran, er könne „aus jener gewaltigen Zeit" – wiederum eine ambivalente, im Übrigen damals sehr gängige Formulierung – nur „eine kleine Auswahl" beschreiben.[211] Zunächst heißt es bei ihm:

„Nachdem die fieberhaft unruhigen, ungewissen ersten Wochen vergangen waren, nachdem leider die Haltung der französischen und englischen Welttelegraphen-Agenturen gezeigt hatte, dass wir Deutsche uns auf die schlimmsten Entstellungen und Verläumdungen unserer kämpfenden Brüder gefasst machen mussten – da trat die bange Frage auf: Wie wird Brasilien als Staat, wie wird das brasilianische Volk sich zu uns stellen?"[212] Über kurz oder lang verstärkte sich der Druck der Alliierten, insbesondere Großbritanniens, auf die brasilianische Regierung und Brasilien insgesamt, mit dem Ziel, möglichst alle Aktivitäten zugunsten Deutschlands zu unterbinden. Im Jahr 1915 wurde von England eine „Schwarze Liste" („Statutory List") angelegt – Hinden nennt sie „berüchtigt" –, deren Grundlage ein Firmenregister bildete; mit seiner Hilfe sollte insbesondere deutschen Handelsunternehmen der Transport von Waren auf britischen Dampfern verwehrt, Warengeschäfte von und nach England sollten unterbunden und Geschäfte mit englischen Banken unmöglich gemacht werden. Am 3. August 1916 wurde in den Räumen der „Germania" an der Praia Flamengo, Rio de Janeiro, ein „Verband deutsch-brasilianischer Firmen" gegründet, der es sich zur Aufgabe machte, den Wirkungen der „Schwarzen Liste" entgegenzuarbeiten. Zu den Mitgliedern des Vorstands zählte Rudolf Hans Stoltz.[213]

Allen Rückschlägen zum Trotz wurden die Beziehungen, die die Firma Stoltz zu britischen und US-amerikanischen Banken hatte, nicht vollständig abgebrochen. R. Hans Stoltz stand 1914 – wahrscheinlich eher 1915 – vor einer Entscheidung: „Sollte er seine Bankschulden bei Henry Schroeder und Arbuthnot, Catham & Co., London, weiter zahlen oder die Zahlung einstellen? Er entschied sich, die Zahlungen normal, im Rahmen seiner Möglichkeiten, weiter zu leisten. Noch während des Krieges zahlte er allmählich alle Londoner Schulden zurück." Dennoch, so wird unmittelbar im Anschluss daran erklärt, war die Lage der Firma am Ende des ersten Weltkrieges „hoffnungslos. Finanziell war die Firma völlig ausgeblutet. Zusätzlich war den ‚Feindlichen Firmen' in São Paulo und der 1910 neu gegründeten Filiale in Recife das ganze Mobiliar zertrümmert worden."[214] Dazu muss man wissen, dass Brasilien am 26. Oktober 1917 Deutschland den Krieg erklärte, nachdem die deutsche Marine brasilianische Schiffe versenkt hatte."[215] Von Ausschreitungen im November 1917 berichtet auch Hinden. Sie hätten zwar „keinerlei grössere Bedeutung" gehabt und „keine Erbitterung der Deutschen gegen das brasilianische Volk" ausgelöst, waren aber doch nicht ganz unerheblich. „Als eines der ersten Opfer fiel dem Janhagel[216] das sogenannte ‚Brahma'-Restaurant anheim, in dem Deutsche verkehrten, und gerade zu Abend assen. Das Lokal wurde vollständig unbrauchbar gemacht und musste später ganz neu hergerichtet werden. (...) Das Gebäude der Gesellschaft ‚Germania' entging mit knapper Not der Zerstörung – (...). Weniger, aber immerhin etwas, litten H. Stoltz & Co."[217]

BEI Kriegsende, so Hinden, stellten die Deutschen mit Befriedigung fest, „dass kein deutsches Haus der Krise unterlag, ebensowenig, wie eine deutsche Firma in Rio während des Krieges fallirte, so unglaublich es klingen mag." Neben vielen anderen Namen vertrat der Name Stoltz „Ausdauer und deutschen Unternehmungsgeist".[218] Der völlige Niedergang der Stoltz-Firma stand jedoch nah bevor: „1918 entschloß man sich in Rio, die Firma zu liquidieren.

Es kam aber nicht dazu. Nach Kriegsende, 1919, erschien der Kommerzienrat in Brasilien. Er brachte Kreditzusagen aus London und New York. Die alten Beziehungen hatten den Krieg überstanden. Die Banken waren bereit, einen neuen Anfang zu wagen. Seine Persönlichkeit und auch seine Freundschaft zum Baron Bruno Schröder[219] hatten zu Krediten geführt. In New York bat Georg Hermann Stoltz bei der Bank of the Manhattan Corp. um einen weiteren Kredit von etwa US$ 100.000,–. Sein Gesprächspartner sagte ihm beim Abschied, man würde die Antwort schriftlich in sein Hotel schicken. Nach knapp vier Stunden hielt er eine schriftliche Kreditzusage über drei Mal so viel, über US$ 300.000,– in seinen Händen. Damit konnte der Wiederaufbau der Firma in Brasilien finanziert werden. Etwas später, 1924, erhielt die Firma großzügige Kredite durch die spätere Reichskredit-Gesellschaft. In den zwanziger Jahren galt die Firma Herm. Stoltz in Hamburg wieder als der bedeutendste Hamburger Exporteur für Brasilien. Die Umstände waren wieder günstig. Der Nachholbedarf Brasiliens in Eisen- und Walzstahl, in Manufakturwaren und technischen Ausrüstungen, lief zu einem großen Teil durch die Vermittlung und als Eigengeschäft von Herm. Stoltz.

Als Komplement zu der Übersee-Handelstätigkeit übernahm man 1920 die Eisengießerei und Maschinenfabrik COMPANHIA FEDERAL DE FUNDIÇÃO. (...) Bis 1928 machte die Firma Herm. Stoltz mit ihren vielen Mitarbeitern und in erstaunlich unterschiedlichen Geschäften bedeutende Umsätze und hatte gute Zeiten."[220]

Zum Jahr 1920 ist zu ergänzen, dass in der Gesellschaft „Germania" ein „ständiger Vergnügungs-Ausschuss" – Hinden zufolge wie „in alten Zeiten" – für „das richtige Zustandekommen" von Festen sorgte. „Unter den hervorragenden Besuchern befanden sich auch Chefs grosser Handelshäuser, als erster Hermann Stoltz, der hochbetagt, aber vollkommen rüstig, die Schöpfung seiner Jugend aufsuchte, seine Handelsfirma, die ihm der im besten Mannesalter stehende Sohn so glänzend durch die schwere Zeit hindurchgesteuert hatte, unterstützt von Carl Runge, den er derzeit als Teilhaber aufnahm. Die Germania liess es sich nicht nehmen, Hermann Stoltz, als ältestes Mitglied – er trat 1867 ein – durch ein zahlreich besuchtes Festessen zu feiern."[221] In dieser Zeit, während er sich in Rio de Janeiro aufhielt, muss Stoltz auch den oben zitierten Brief an seinen Enkel Hermann Gleisner geschrieben haben.

In den zwanziger Jahren, vor dem Ausbruch der Weltwirtschaftskrise 1928/29, hatten die Stoltzschen Firmen, wie soeben erklärt, „gute Zeiten". Dazu gehörte die Verbindung mit dem Norddeutschen Lloyd, Bremen, die seit 1877 bestand und nur durch den Weltkrieg unterbrochen war. Das Schifffahrtsgeschäft wurde weiter ausgebaut. Es entstanden ein Reedereibetrieb und Hilfsbetriebe für die Küstenschifffahrt. Dazu wurden Leichter und ein Hochseeschlepper angeschafft. „Durch die Im- und Exportgeschäfte hatte die Firma einen großen Bedarf an Stauraum. Damit hatte sie auch ein umfangreiches Ladungsangebot für ihr Schiffahrts-Agenturgeschäft mit den deutschen Reedereien."[222]

Für Rudolf Hans Stoltz waren die zwanziger Jahre des vorigen Jahrhunderts, auch wenn Tibeta für die Gesamtfirma das Fazit der „guten Zeiten" zieht, immer wieder schwierige Zeiten. „Durch das Ausscheiden und Auszahlen der Teilhaber des Seniors waren die Finanzen der Firma schwer belastet. Danach war die Firma nie wieder richtig flüssig. Viel Zeit und Kraft mußte" R. Hans Stoltz „für die Beschaffung und den Erhalt der Kredite aufwenden." Mit der Wechselkurskrise 1928/29, die in Brasilien auch zu einer Zucker- und Kaffeekrise führte, geriet „die Firma zusätzlich in große Schwierigkeiten. In den Jahren davor hatte Herm. Stoltz große Geschäfte mit der Halleschen Maschinenfabrik und Eisengießerei getätigt. Die Lieferungen gingen an Zuckerfabriken nach Nordost Brasilien. Was ein gutes Geschäft zu werden versprach, verkehrte sich zu einem dramatischen Unglück. Die Anlagen wurden von den Käufern nie bezahlt. Schließlich griff die brasilianische Regierung ein. Im Zuge des sogenannten ‚Reajuste Economico' wurde ein Teil der geschuldeten Summen in besonders langfristigen Staatspapieren bezahlt. Auch Herm. Stoltz, São Paulo, traf das gleiche Schicksal mit der Lieferung an Sägereien."

Mit besonderem Nachdruck stellt Tibeta Stoltz die Tüchtigkeit und die Verdienste ihres Schwiegervaters Rudolf Hans Stoltz heraus: Ihm „gelang es durch ‚Fleiß und Pünktlichkeit' und unter Einsatz seiner ganzen Person, das Unternehmen durch die Krisen zu führen. Die Firma war sein Leben. Als einziger Sohn war er von klein auf dafür bestimmt, Herm. Stoltz einmal weiter zu

G. Hermann Stoltz

führen. Er hatte keine Wahl. Er fühlte sich dem guten Namen, der Tradition verpflichtet."[223]

NICHT weniger nachdrücklich geht Tibeta aber auch immer wieder auf die Stellung und Bedeutung des Seniors ein; dabei bezieht sie sich unter anderem auf den Bericht eines Herrn Lauer, der in den zwanziger Jahren in die Hamburger Firma eingetreten war und „ihr bis zum Ende treu" blieb. Dem Bericht Lauers folgend heißt es bei Tibeta:

„DIE Hamburger Firma hatte damals gut 60 Mitarbeiter, davon nur ganz wenige weibliche. Es war wohl noch eine Folge der Aversion, die der Kommerzienrat gegen weibliche Mitarbeiter hatte. Der Kommerzienrat war an sich ein Kavalier den Damen gegenüber, auch wenn seine heranwachsenden Töchter im Kontor aufkreuzten. Solang er aber das Sagen hatte, hielt er nichts vom ‚Weibervolk' im Büro. Als Herr Meyer aus der TA [Technischen Abteilung, HJS] einmal eine Stenotypistin engagiert hatte, wurde diese, als sie dem Alten Herrn zu Gesicht kam, kurzerhand nach Auszahlung der fälligen Gehälter wieder nach Hause geschickt."

AUF die nähere Kennzeichnung der verschiedenen Abteilungen der Firma, die diesem Abschnitt unmittelbar folgt, wird hier verzichtet. Festzuhalten ist jedoch, dass sich die Büroräume der Hamburger Firma Stoltz „im Scholvien-Haus[224] am Glockengießer Wall zwischen Ferdinandstrasse und Ballindamm" befanden. „Das Hauptbüro lag im zweiten Stock, Nebenräume zeitweise im ersten und dritten Stock. Die Zentralstelle an der Ecke, mit Blick auf die Kunsthalle, nahm der große Chefraum ein, von ihm ab gingen die zwei Flügel des Großraum-Büros, entlang der Fenster des Glockengießer Walls und denen der Ferdinandstraße. Die Türen zum Chefraum standen eigentlich immer offen, selbst wenn hoher Besuch in der Sitzecke zugegen war. An zwei durch Rolläden verschließbaren Pulten saßen sich, wenn beide in Hamburg waren, Vater und Sohn, d. h. der Senior Georg Hermann Stoltz und sein Sohn R. Hans Stoltz, gegenüber und bestimmten die Geschicke der Firma."[225]

NACH dem Ersten Weltkrieg kam es zu einer wichtigen Änderung, indem das Einkaufshaus in Hamburg von nun an auch brasilianische Waren nach Deutschland importierte. Mit der neu eingerichteten Import-Abteilung wurden gute Geschäfte gemacht, „hauptsächlich in Baumharz. Hamburg importierte aus Brasilien: Holz, Tabak (auch Dannemann Brasil-Zigarren), Kakao, Häute, Hörner, Hufe und Knochen. Nur Kaffee, Brasiliens Hauptausfuhrartikel, war ausgenommen. Es hieß, daß der Kommerzienrat in seinen Anfangsjahren mit Kaffee-Handel einmal gehörig auf den Bauch gefallen sei und darauf bestimmt hatte, künftig die Hände vom Kaffee zu lassen."

EINE zweite Änderung nach dem Ersten Weltkrieg galt dem Umstand, „bestimmte Waren direkt vom Lieferanten an brasilianische Kunden fakturieren zu lassen. Maschinen und Toledo Waagen aus USA, Anker-Registrierkassen[226] aus Deutschland und vieles andere mehr wurde so gehandelt. Im Laufe der Zeit wurde auf diese Weise ein großer Umsatz gemacht." Daneben wurde mit Weinen und Spirituosen oder auch mit Schinken in Dosen gehandelt. „Wichtiger waren aber sicher die Transit-Geschäfte in

Gewürzen. Schwarzer und weißer Pfeffer, Malta-Cumin (Kümmel), Kaneel (Zimt) und dergleichen wurden gehandelt und teils von Hamburg, teils von den Ursprungsländern direkt nach Brasilien verschifft."[227]

Es würde zu weit führen, die fast unübersehbar große Vielzahl der Waren und Transaktionen, mit denen Geschäfte gemacht wurden, näher zu beschreiben. Lediglich auf zwei Bereiche muss noch hingewiesen werden. „Cimento", das Zementgeschäft, wurde immer mit besonderer Aufmerksamkeit verfolgt. „Bei diesem Massenartikel, mit verhältnismäßig geringer Verdienstspanne, kam es sehr auf gute Abschlusse mit den Fabriken und den Reedereien an. (...)
Obwohl in Brasilien eine große Zementfabrik nach der anderen gebaut wurde, stieg der Bedarf trotzdem immer schneller, so daß immer weiter importiert werden mußte. Aus Preisgründen ging es nur mit gecharterten Schiffen von 6.000 bis 10.000 Tonnen, die nur mit Zement beladen wurden. Das Geschäft war äußerst risikoreich geworden. Die Lizenz-Ausgaben für den Import wurden je nach Devisenstand und Bedarf in Brasilien gedrosselt oder wieder freigegeben. Wer dann mit den ersten Schiffen am Markt war, machte ein gutes Geschäft, wer zuletzt kam, hatte häufig das Nachsehen. Der Markt war gesättigt und Lagerung kostete Geld. Zement in Säcken verträgt nicht viele Umlagerungen. Die richtige Versicherung spielte bei Zement-Transporten, vor allem bei Zement in Papiersäcken, eine große Rolle."[228]

WICHTIGER noch als das Zementgeschäft und in vieler Hinsicht zukunftsweisend war das Engagement von G. Hermann Stoltz im neu sich zwischen Europa und Südamerika entwickelnden Flugzeug- und Zeppelinverkehr. „Es war der Aufbruch in eine neue Zeit, die Herm. Stoltz nicht verpassen wollte."[229] Die Nutzungsmöglichkeiten, die sich mit Schiffen einerseits, mit erstmals über weite Strecken einsatzfähigen Flugzeugen und Zeppelinen andererseits boten, führten etwa seit 1927 zu einem scharfen Wettbewerb. Schiffe brauchten in den zwanziger Jahren immer noch 18 bis 20 Tage von Europa nach Südamerika.[230] Das Luftschiff verfügte zunächst über eine größere Reichweite als das Flugzeug, es konnte auch mehr Nutzlast befördern, aber eine Ozeanüberquerung dauerte mehrere Tage.[231] Mit dem ersten Nonstop-Transatlantikflug von New York nach Paris am 20./21. Mai 1927 gelang Charles A. Lindbergh eine Pioniertat, die langfristig umwälzende Folgen hatte. Das Flugzeug setzte sich allmählich zu einem weltumspannenden Verkehrsmittel durch.

DIE Firma Hermann Stoltz & Co. hatte in Brasilien, wie Joachim Wachtel und Günther Ott in ihrer Geschichte der Lufthansa betonen, einen weitreichenden Einfluss. Als „größtes Brasilhaus" mit dem Hauptgeschäft in Hamburg, mit Filialen in Rio de Janeiro, São Paulo, Pernambuco und anderswo, mit einem weit über das Land gespannten Netz von Agenturen verfügte sie Mitte der zwanziger Jahre über einen geschätzten Jahresumsatz von 75 Millionen Mark.[232] Zum Ausbau der Flugverbindungen zwischen Europa und Südamerika war von der Deutschen Aero-Lloyd im Mai 1924 das Condor Syndikat gegründet worden.[233] „Das Condor Syndikat, die Lufthansa, sie unterhielten enge Beziehungen zu Stoltz & Co., später auch der Zeppelinbau. Niemand konnte auf diese Erfahrungen und Verbindungen verzichten.

Seit 1923 hatten sich leitende Mitarbeiter der Handelshäuser Stoltz und Wille zusammen mit den deutsch orientierten Banken und dem Deutschen Aero Lloyd in einer kleinen Arbeitsgruppe in Rio de Janeiro mit den Chancen des Luftverkehrs an der brasilianischen Küste befasst." Wachtel und Ott schreiben, dass am 26. Januar 1927 dem Condor Syndikat, „in Brasilien vertreten durch die Firma Herm. Stoltz (...), eine vorläufige, auf die Dauer eines Jahres begrenzte Konzession für die Küstenstrecken speziell von Rio de Janeiro südwärts nach Rio Grande do Sul" erteilt wurde.[234] Tibeta Stoltz nennt ein anderes Datum und schreibt: „Um die Möglichkeiten der Luftschiffahrt zu untersuchen und auszubauen, wurde am 1. Dezember 1927 in Rio das ‚Syndicato Condor LTDA' gegründet. Das Gründungskapital betrug Rs. 100:000$000, das waren hundert tausend damalige Contos de Reis.
20 Gründungsaktien à 5:000$000 Contos de Reis teilten sich vier Aktionäre:
Conde Ernesto Pereira Carneiro, 4 Aktien;
Herm. Stoltz & Cia, 5 Aktien, als Treuhänder der alten Lufthansa A.G.
Fritz Hammer, 7 Aktien und
Max Sauer, 4 Aktien.
Man wollte den Flugverkehr für Passagiere, Briefe und Pakete im In- und Ausland ausbauen und betreiben, Fluggesellschaften gründen und sich anderen Gesellschaften anschließen. So entstand die Verbindung zum Aerolloyd, zur Lufthansa und der Zeppelin-Reederei, Friedrichshafen."[235]

ZUR besonderen Rolle des Zeppelins heißt es bei Lutz Budrass: „Dem Luftschiff blieb (...) fast bis zum Ausbruch des Zweiten Weltkrieges sein technisches Luftverkehrsmonopol dort erhalten, wo sichere Zwischenlandungsmöglichkeiten für Flugzeuge nicht zu finden waren, insbesondere bei der Überquerung des Nord- und des Südatlantiks. Die Anhänger des Zeppelin in der Zwischenkriegszeit (...) hielten deshalb am ‚Weltluftschiffverkehr' fest und schmiedeten Projekte für eine transozeanische Fernluftfahrt."[236] Tibeta zufolge ist einmal auch Georg Hermann Stoltz persönlich mit dem Zeppelin von Deutschland nach Brasilien geflogen.[237]

MIT der engen Verbindung, die sich bis in die dreißiger Jahre hinein zwischen der Firma Herm. Stoltz & Cia und der Zeppelingesellschaft in Recife, also der ganz im Nordosten Brasiliens gelegenen Hauptstadt des Bundesstaates Pernambuco bildete, hat sich der Forscher und Museumsentwickler Sylk Schneider näher beschäftigt. Er verweist auf ein gut erhaltenes Gebäude in der Nähe des Platzes Marco Zero, „dessen Geschichte wenig bekannt ist, aber als ‚Marco Zero' (Nullpunkt) der Geschichte des Zeppelin in Recife betrachtet werden kann. (...) In Recife wurden die Luftfahrtlinien mit dem Luftschiff ‚Graf Zeppelin' und den Flugzeugen von Lufthansa und Condor Syndikat von dem schönen Gebäude der Av. Marquês de Olinda, 35 aus betrieben und entwickelt.
Die Firma Herm. Stoltz & Cia repräsentierte die Zeppelingesellschaft in Brasilien. Die Av. Marquês de Olinda, 35 war der Ort, an dem man in Pernambuco die Zeppelin-Fahrscheine kaufen konnte. Die Mitarbeiter der Firma Stoltz erfüllten all die Aufgaben, die heute eine Reiseagentur erfüllt."[238]

DER Luft-Postverkehr, der sich für die Zeppeline mit der Verbindung Friedrichshafen – Pernambuco entwickelte und der über verschiedene Zwischenstationen geleitet wur-

Sitz der Firma Herm. Stoltz & Cia. in Recife

Zeppelinpost: Brief von Kuwait nach Recife (1934) (Vorderseite des Kuverts)

Zeppelinpost: Brief von Kuwait nach Recife (1934) (Rückseite des Kuverts)

de, veranlasste manche Philatelisten Anfang der dreißiger Jahre des vorigen Jahrhunderts, Briefe auf den Weg zu schicken, die mit Stempeln und besonderen Briefmarken versehen zu einer Rarität werden sollten.[239]

209 *Hinden, Deutsche, S. 475.*
210 *Stoltz, Reise, S. 9.*
211 *Hinden, Deutsche, S. 474.*
212 *Ebd., S. 476.*
213 *Ebd., S. 486f., 490.*
214 *Stoltz, Reise, S. 9.*
215 *König, Geschichte Brasiliens, S. 206. Vgl. Hinden, Deutsche, S. 494.*
216 *Vorwiegend norddeutscher und niederländischer Ausdruck für „Pöbel".*
217 *Hinden, ebd., S. 495.*
218 *Ebd., S. 506.*
219 *Rudolph Bruno Freiherr von Schröder (1867–1940); siehe Deutsches Geschlechterbuch 205, S. 573.*
220 *Stoltz, Reise, S. 9.*
221 *Hinden, Deutsche, S. 516f.*
222 *Stoltz, Reise, S. 10.*
223 *Ebd.*
224 *Siehe dazu Hipp, Hansestadt, S. 171: „Glockengießerwall 26 / Ferdinandstr. 2a, das Kontorhaus Scholvienhaus ([Architekten:] Lundt & Kallmorgen, 1904/05), galt Zeitgenossen als Anlehnung an die amerikanische Werksteinarchitektur, wie sie Henry Hobson Richardson entwickelt hatte. Die ursprünglich aufgelöste Dachgestalt wurde schon 1927 durch Staffelgeschosse ausgeglichen (wie sonst meist erst im Wiederaufbau nach 1945)."*
225 *Stoltz, Reise, S. 11.*
226 *Bezug genommen wird auf die Stadt Toledo im Bundesstaat Ohio, USA; in Columbus, Ohio, gibt es seit langem die Unternehmensgruppe Mettler-Toledo, die Präzisionswaagen herstellt. Die 1876 gegründeten Anker-Werke in Bielefeld bauten, neben Näh- und Buchungsmaschinen, Registrierkassen.*
227 *Stoltz, Reise, S. 12.*
228 *Ebd., S. 13.*
229 *Ebd., S. 17.*
230 *Budrass, Adler, S. 161.*
231 *Ebd., S. 570, 573. Vgl. Hauschild-Thiessen, Zwischen Hamburg, S. 245: Mit dem Luftschiff „Graf Zeppelin" ließ sich der Weg von Hamburg nach Chile in 4 1/2 Tagen bewältigen.*
232 *Wachtel; Ott, Im Zeichen, S. 173.*
233 *Condor Syndikat (https://de.wikipedia.org/wiki/Condor_Syndikat; Stand: 23. Juli 2018).*
234 *Wachtel; Ott, Im Zeichen, S. 173.*
235 *Stoltz, Reise, S. 17. Dazu Budrass, Adler, S. 162: Die Studiengesellschaft Condor-Syndikat wurde um 1. Dezember 1927 „zu einer regulären Fluggesellschaft, dem ‚Syndicato Condor Limitada', umgebildet."*
236 *Budrass, Adler, S. 570.*
237 *Erinnerungen Tibeta Stoltz, S. 35 (stoltz-online.de/pdf/Erinnerungen Tibeta Stoltz.pdf; Stand: 23. Juli 2018).*
238 *Figueiredo; Marroquim; Schneider, Zeppelin, S. 14f.*
239 *Vgl. Originations of Mail for the LZ127 and LZ129 Zeppelin Flights (https://siegelauctions.com/exhibits/Zepp_Originations.pdf; Stand: 23. Juli 2018).*

[13]

Umgang mit der Handelskammer Hamburg

Die Dokumente, die im Archiv der Handelskammer Hamburg aufbewahrt werden,[240] erlauben es, in bestimmte punktuelle Vorgänge, die zu den Geschäftstätigkeiten der Firma Herm. Stoltz & Co. gehörten, einen anschaulichen Einblick zu gewinnen. Gemessen an den umfangreichen Transaktionen, die über viele Jahre, ja über Jahrzehnte hin die Geschäfte der Firma bestimmten, bleiben die Informationen, die mit den Dokumenten der Handelskammer bereitgestellt werden, äußerst lückenhaft; andererseits vermitteln sie als Streiflichter eine Vorstellung davon, was im jeweiligen Einzelfall konkret zu bearbeiten war.

Der Zeitraum, den die Dokumente des Archivs zur Firma Herm. Stoltz & Co. abdecken, umfasst die Jahre 1908 bis 1984. Mit einem Schreiben vom Präses der Handelskammer Hamburg an das Kaiserliche Patentamt Abteilung I für Warenzeichen Berlin wurde eine Anfrage des Patentamtes vom 26. Februar 1908 unter dem Datum des 13. (oder auch 17.) März 1908 beantwortet. Zunächst „beehrt sich die Handelskammer nach den von ihr angestellten Ermittlungen zu berichten, dass die Firma Herm. Stoltz, Hamburg, Glockengiesserwall 25/6, ein allgemeines Exportgeschäft, insbesondere nach Brasilien betreibt“.

Sodann heißt es: „Das von der Firma zurzeit beantragte Warenzeichen wurde nach den Angaben dieser Firma im Umfang der Warenzeichen Klasse 42 beantragt, weil für sie dasselbe Warenzeichen auch in Brasilien für sämtliche Waren eingetragen ist. Um die Erledigung der Angelegenheit zu beschleunigen hat die Firma jedoch, obwohl es sehr erwünscht erscheint, das Warenzeichen in möglichst weitem Umfange benutzen zu können, in dem anliegenden zurückgehenden Warenverzeichnis diejenigen Artikel gestrichen, welche voraussichtlich für den Betrieb dieses Exportgeschäftes nur wenig in Betracht kommen. Es wird jedoch ausdrücklich von der Firma dabei betont, dass damit nicht gesagt sein soll, dass die gestrichenen Artikel nicht von ihr exportiert werden könnten; der Verzicht geschieht lediglich um die Erledigung der Angelegenheit zu fördern.“

Es geht also um die spezielle Angelegenheit der Beantragung eines Warenzeichens (einer Marke) für die Firma Herm. Stoltz & Co., wobei vor allem darauf geachtet wurde, dass neben den vielen verschiedenen Artikeln, die gehandelt wurden, Spielraum für den Handel mit weiteren Artikeln blieb. – Mit einem zweiten frühesten Dokument der Handelskammer, welches das Datum des 4. Mai 1918 trägt, erfolgt ein Zeitsprung von zehn Jahren. Dem Hamburger Bezirks-Kommando III – der Erste Weltkrieg ist noch nicht beendet – wurde ein Schreiben „ergebenst zurückgereicht mit dem Bemerken, daß der Vizefeldwebel Rammelsberg schon längere Zeit bei der Firma Herm. Stoltz als Buchhalter tätig ist. Er erhält seitens der Firma eine gute Bezahlung und wird auch seine Stellung nach dem Kriege bei der Firma wieder erhalten. N[a]chteiliges, was seine Beförderung zum Offizier als nicht erwünscht erscheinen lassen könnte, ist über ihn nicht bekannt geworden."

Aufschlussreich ist ein mit dem Datum des 13. September 1918 und mit dem Stempel „Vertraulich" versehenes Schreiben der Reichsbankhauptstelle an die Handelskammer Hamburg: „Der Herr Präsident des Reichsbank-Direktoriums hat uns zu einem Bericht über den Charakter, die Geschäfts- und Vermögensverhältnisse des Kommerzienrats Hermann Stoltz in Wentorf bei Reinbek aufgefordert, namentlich auch zu einer Aeusserung darüber, ob er eine so hervorragende Stellung im Handelsstande einnimmt und sich so grosse Verdienste um das Gemeinwohl erworben hat, dass seine Ernennung zum Geheimen Kommerzienrat unbedenklich gerechtfertigt sein würde.

Da es uns erwünscht ist, auch von Ihrer Seite ein die vorstehenden Punkte umfassendes Urteil zu hören, ersuchen wir Sie ergebenst, sich zu dieser Angelegenheit gefälligst zu äussern und insbesondere auch die Frage zu erörtern, ob Herr Stoltz noch als aktiver Kaufmann anzusehen ist.

Indem wir Sie noch bitten, die Angelegenheit vertraulich zu behandeln, sprechen wir Ihnen für Ihre Bemühungen im voraus unsern verbindlichsten Dank aus."

Drei Tage später, am 16. September 1918, wurde der Reichsbankhauptstelle in Hamburg erklärt: „In Beantwortung des gefl. Schreibens vom 13. D. Mts. beehrt sich die Handelskammer Folgendes über den Kommerzienrat Hermann Stoltz vertraulich mitzuteilen:

Stoltz ist der älteste Teilhaber der bekannten hiesigen Firma Herm. Stoltz, die ein umfangreiches Ausfuhrgeschäft nach Brasilien betreibt und in diesem Lande an verschiedenen Plätzen eigene Niederlassungen besitzt. Die Firma erfreut sich guten Ansehens und verfügt über grosse Mittel. Stoltz persönlich ist ein bekannter hiesiger Kaufmann, der sich überall des besten Ansehens erfreut und sich in sehr günstigen Vermögensverhältnissen befindet."

Die Schreiben vom 13. und 16. September 1918 lassen darauf schließen, dass Georg Hermann Stoltz Ende 1918 oder Anfang 1919, nachdem er bereits den Ehrentitel eines Kommerzienrats trug, nunmehr den gehobeneren Ehrentitel eines Geheimen Kommerzienrats erhielt. In Anfragen an die Handelskammer geht es immer wieder darum, ob und wieweit eine Firma oder ein Firmenchef einen tadellosen Ruf besitzt, welchen Umfang die Geschäfte haben, oder wie es sich allgemein mit der Bedeutung eines Unternehmens verhält. Der Firma Herm. Stoltz & Co. wurden von der Handelskammer Hamburg regelmäßig die besten Zeugnisse ausgestellt.

In mehreren Dokumenten aus den Jahren 1922 und 1923 spiegeln sich die Probleme wider, die während dieser Zeit durch die Inflation entstanden. In einem Schreiben vom 19. April 1922 beantragt die Firma Herm. Stoltz & Co. „die Ausstellung einer Beschei-

G. Hermann Stoltz

nigung gemäß § 3 des Gesetzes über den Verkehr mit ausländischen Zahlungsmitteln vom 3. Februar 1922" und erklärt dazu unter anderem: „Mein Geschäft, Ausfuhr nach und Einfuhr von Brasilien, erfordert regelmäßig die Anschaffung ausländischer Zahlungsmittel zur Bezahlung der in ausländischer Währung fakturierenden Fabrikanten und andrerseits den Verkauf mir von Brasilien zugesandter ausländischer Zahlungsmittel." In dem Vordruck des Formulars heißt es dazu abschließend: „Ich bestätige die Richtigkeit der obigen Angaben und verpflichte mich, wenn mein Gewerbebetrieb Geschäfte über ausländische Zahlungsmittel nicht mehr regelmäßig mit sich bringen sollte, dieses der Handelskammer unverzüglich mitzuteilen und ihr die erteilte Bescheinigung zurückzureichen."

EINIGE Monate später teilte die Handelskammer dem Hauptzollamt St. Annen, Hamburg, in Beantwortung eines Schreibens vom 23. September 1922 mit, daß die Firma Herm. Stoltz „als zuverlässig, vertrauenswürdig und bezüglich ihrer wirtschaftlichen Lage hinreichend gesichert gilt, sodass der Annahme von Schecks dieser Firma zur Entrichtung von Abgaben im erleichterten Verfahren Bedenken nicht entgegenstehen dürften.
Vorstehende Auskunft erteilt die Handelskammer auf Grund des ihr vorliegenden Materials und der von ihr angestellten Ermittlungen nach bestem Wissen, jedoch ohne dadurch eine Gewähr zu übernehmen."

WENIG später hatte sich die Gesetzeslage verschärft, so dass von der Firma Stoltz am 8. Dezember 1922 ein neuer Antrag gestellt werden musste: „Ich beantrage die Ausstellung einer Bescheinigung gemäß § 2 der Verordnung gegen die Spekulation in ausländischen Zahlungsmitteln vom 12. Oktober 1922 (...)". Die Erklärungen dazu entsprechen weitgehend dem Antrag vom 19. April 1922.

IM Mai 1923 hatte sich die Gesetzeslage abermals verändert. Die Firma Stoltz beantragte am 3. Juli 1923 „die Ausstellung einer Bescheinigung gemäß § 3 Abs. 2 der Verordnung auf Grund des Notgesetzes (Maßnahmen gegen die Valutaspekulation) vom 8. Mai 1923" und erklärte dazu nunmehr: „Das Export Geschäft nach Brasilien erfordert meinerseits Kreditgebung für sechs Monate und auch längere Fristen. Die englischen Kredite laufen dagegen nur drei Monate und müssen durch Beschaffung von Devisen abgedeckt werden, ehe die Deckung von drüben eintreffen kann. Außerdem beanspruchen die deutschen Fabrikanten häufig große Bezahlungen in Devisen, lange bevor die Ware geliefert ist und mit den Londoner Krediten finanziert werden kann." Unten auf dem Vordruck ist als Gebühr für die Bescheinigung handschriftlich vermerkt: 300.000 Mark.

AM 15. November 1923 wurde die ins Maßlose gesteigerte Inflation mit der Einführung der Rentenmark (wertgleich mit der späteren Reichsmark) beendet. Das machte am 12. Januar 1924 für die Firma Stoltz eine erneute Antragstellung zur weiteren Benutzung ausländischer Währungen erforderlich. Zur Begründung hieß es nun: „Die Beschaffung ausländischer Zahlungsmittel ist für meinen Geschäftsbetrieb regelmäßig erforderlich, da die deutschen Fabrikanten ihre Fakturen in ausländischer Währung ausstellen. Die Bezahlung der Lieferer hat spätestens bei Versand der Ware, häufig aber schon im Voraus zu erfolgen. Während die zu meiner Verfügung stehenden Londoner Kredite auf 3 Monate befristet sind zahlen die überseeischen Kunden erst sechs Monate nach Eintreffen der Ware am Bestimmungsort." Die Gebühr für die Bescheinigung betrug jetzt nicht mehr 300.000, sondern 12 Mark. – Die verschiedenen Begründungen, die von der Firma Stoltz in der Zeit zwischen April 1922 und Januar 1924 zur Beschaffung und Verwendung von Devisen vorgelegt wurden, dokumentieren einerseits, wie während der Inflation von staatlicher Seite mit verschärften Bestimmungen versucht wurde, Devisenspekulationen Einhalt zu gebieten. Andererseits zeigen die Begründungen zugleich, wie verwickelt die Zahlungsgeschäfte waren, mit denen sich die Firma Herm. Stoltz & Co. fortlaufend, nicht nur in den Jahren 1922 bis 1924 zu befassen hatte.

Aus dem Jahr 1924 ist auch ein ganz andersgeartetes Dokument erhalten, und zwar ein Schreiben an die Handelskammer von der Polizeibehörde Hamburg, Abteilung I (Wohlfahrtspolizei), mit dem Datum des 11. Februar und dem handschriftlichen Vermerk „Vertraulich!" versehen: „Die Firma Herm. Stoltz hier, Glockengießerwall 25/26, hat hier um die Erlaubnis zum kaufmännischen Vertrieb von Sprengstoffen für ihren Prokuristen Henry Peter Johannes Reincke, geb. am 13. Dezember 1866 in Altona, wohnhaft hier, Borgfelderallee 1 II, nachgesucht.
Aus diesem Anlaß wird die Handelskammer um eine gefl. vertrauliche Auskunft über den Leumund und die Zuverlässigkeit des Firmeninhabers Georg Hermann Stoltz, geb. am 11. November 1845 in Melle, wohnhaft in Wentorf bei Reinbek, des Prokuristen Reincke, wie überhaupt über die Firma Herm. Stoltz, ergebenst ersucht." Im Antwortschreiben vom 16. Februar 1924 an die Polizeibehörde stellt die Handelskammer der Firma Stoltz das übliche Zeugnis aus: Es handele sich um „eine bekannte, wohlangesehene hiesige Firma (...), die sich ebenso wie der Inhaber, Herr Stoltz, des besten Rufes erfreut. Der gute Ruf der Firma bietet die Gewähr, dass auch der Prokurist Herr Henry Reincke die nötige Vertrauenswürdigkeit besitzt." – Eine entsprechende Anfrage der Polizeibehörde – nunmehr geht es um eine „Genehmigung zum Handel mit Schußwaffen und Munition" – beantwortet die Handelskammer am 14. November 1928 wiederum mit einem Unbedenklichkeitszeugnis; der Antrag der Firma Herm. Stoltz wird befürwortet, sie besitzt die „notwendige Zuverlässigkeit".

Mit den im Archiv der Handelskammer Hamburg aufbewahrten Quellen könnten zahlreiche weitere Geschäftsvorgänge dokumentiert werden, doch würde man damit für die Biografie von Georg Hermann Stoltz in einem engeren Sinn nicht unbedingt zusätzliche Aufschlüsse gewinnen. Zum Abschluss dieses Kapitels sollen lediglich noch zwei getippte Briefe vom 21. und 26. Februar 1935 berücksichtigt werden, Briefe also, die in die Zeit des Nationalsozialismus führen und die entsprechend mit einem „Heil Hitler!" abschließen (ohne Unterschrift). Die Briefe machen noch einmal deutlich, mit welchen „alltäglichen" Schwierigkeiten sich das Handelshaus auseinanderzusetzen hatte. – Im November 1935 wurde G. H. Stoltz neunzig Jahre alt.

Das an die Firma Herm. Stoltz gerichtete Schreiben vom 21. Februar 1935 stammte von der Überwachungsstelle für Tabak in Bremen.[241] Darin wird mitgeteilt, „dass der beabsichtigte Einkauf von ca. 4/5000 Ballen Bahia-Tabak[242] von der Überwachungsstelle“ nicht genehmigt werden kann, weil sich dieser Einkauf nicht im Rahmen des „bisherigen Geschäftsumfanges bewegt.“ Den der Überwachungsstelle vorliegenden Unterlagen zufolge hat die Firma Stoltz „in den letzten 3 Jahren überhaupt keine Bahia-Tabake importiert“.

DARAUFHIN erfolgte am 26. Februar 1935 von der Firma Herm. Stoltz eine ausführliche Antwort: „Ich bestätige den Empfang Ihres Schreibens vom 21. ds. Mts., aus dem ich leider ersehen muss, dass Sie, bezüglich des von mir beabsichtigten Einkaufs von ca. 4/5000 Ballen Bahia-Tabak, vorläufig davon absehen müssen, mir Einkaufsgenehmigungen für Bahia-Tabak zu erteilen, da sich dieser Einkauf nicht im Rahmen meines bisherigen Geschäftsumfanges bewegt und weil ich in den letzten Jahren überhaupt keine Bahia-Tabake importiert habe.

Ich weiss nicht, woraufhin Sie rechtlich Ihre Stellungnahme gründen; jedenfalls darf und kann ich mich, schon aus grundsätzlichen Erwägungen heraus, mit dem von Ihnen eingenommenen Standpunkt nicht einverstanden erklären und beziehe mich zur Begründung meiner Ansicht auf nachstehende Ausführungen:

Meine Firma ist seit etwa 70 Jahren ausschliesslich im deutsch-brasilianischen Ein- und Ausfuhrhandel tätig und hat sich durch stets rechtzeitige Anpassung der sich im Ein- und Ausfuhrgeschäft fortlaufend ergebenden Verschiebungen durch die wechselnden Einkaufs- und Absatzmöglichkeiten bis heute behaupten können und es hiesse doch auch, auf die Dauer jedes Geschäft lahmzulegen und die Arbeitslosigkeit zu fördern, wenn man einer Handelsfirma die Aktivität beschränkt. Gerade von höchsten Regierungsstellen ist wiederholt Gewerbe und Wirtschaftsfreiheit betont und insbesondere dem Handel von Seiten des Herrn Reichswirtschaftsministers[243] erhöhte Anpassungsfähig- und Beweglichkeit anempfohlen worden.

Man wird mir zugeben müssen, dass Ihre Stellungnahme damit kaum in Einklang gebracht werden kann. Zudem muss ich feststellen, dass durch Ihre Stellungnahme einem Kreis von Firmen ein Monopol eingeräumt wird. Dazu möchte ich zu bedenken geben, dass dann mir in meiner Eigenschaft als Ausfuhrfirma billigerweise nicht weniger Anspruch auf offiziellen Schutz zusteht, hinsichtlich der Feststellung, ob sich Ausfuhrgeschäfte im Rahmen des bisherigen Geschäftsumfanges einer Tabakeinfuhrfirma bewegen. In dieser Hinsicht bleibt aber noch so ziemlich alles zu wünschen übrig.

Ein solches Verlangen stellen zu wollen, ist mit meiner Ansicht über die Freiheit des Handels unvereinbar und Sie werden es daher verständlich finden, dass ich es ablehnen muss, mich einseitig in meiner Aktivität binden zu lassen. Aus diesem Grunde beabsichtige ich, diese Frage grundsätzlich zur Entscheidung bringen und notfalls ein Urteil des Herrn Reichswirtschaftsministers herbeiführen zu lassen.

Bemerken möchte ich noch, dass es nicht in meiner Absicht liegt, den dortigen und hiesigen Tabakeinfuhrhandel schädigen zu wollen, da ich meine Einfuhrgeschäfte hauptsächlich als Kommissionär des überseeischen Abladers tätige und gern die Verpflichtung übernehmen würde, lediglich an dortige und hiesige Tabak-Einfuhrhandelsfirmen zu verkaufen. Infolge Verlagerung

des Geschäfts, das sonst zum grössten Teil den Weg über Holland nahm, sind verschiedene Ablader, die bisher lediglich mit holländischen Kommissionären gearbeitet haben, an mich herangetreten, für sie im deutschen Geschäft als Kommissionär tätig zu sein, weil ihnen meine Firma aus ihrem Nationalgeschäft mit meinen Häusern drüben bestens bekannt ist. Es würde meine Brasil-Freunde merkwürdig berühren und einen eigenartigen Eindruck auf sie mit Bezug auf meine Firma machen, wenn ich es ablehnen müsste, für sie tätig zu sein, weil es mir, infolge Ihrer Stellungnahme, nicht möglich ist. – Es kann doch auch einem Kommissionär billigerweise nicht zugemutet werden, auf Grund Ihrer Stellungnahme in die Rolle eines Agenten gezwungen zu werden, zumal es auch noch nicht einmal sicher ist, ob Ihrerseits mir die Genehmigung zu dieser Art Geschäften gegeben wird, weil ich eine solche Tätigkeit in den letzten drei Jahren nicht ausgeübt habe.
Ich bitte Sie, Ihren mit Ihrem Schreiben vom 21. ds. Mts. eingenommenen Standpunkt, unter Berücksichtigung meiner Ausführungen, zu überprüfen und es sollte mich freuen, wenn Sie zu einer anderen, mir günstigen Stellungnahme kommen würden. Ihrer Rückäusserung sehe ich mit Interesse entgegen."

Das Reichswirtschaftsministerium unter Leitung von Hjalmar Schacht hatte mit Verordnungen vom 27. August und 4. September 1934 für die Errichtung von Überwachungsstellen und den Fortbestand bereits bestehender Überwachungsstellen die juristische Grundlage geschaffen. Als Sitz der Überwachungsstelle für Tabak wurde Bremen gewählt, jene „Stadt, die neben Hamburg wichtigster Importplatz für überseeische Rohtabake war".[244] Hintergrund für die Einrichtung der Tabaküberwachungsstelle war eine – widersprüchliche, letztlich gescheiterte – nationalsozialistische Antitabakpolitik; „der Kampf gegen den Tabakkonsum" galt als „Teil der an der Rassenhygiene orientierten Gesundheitspolitik".[245] – Die Frage, ob G. Hermann Stoltz noch persönlich mit dem im Brief ausführlich begründeten Einspruch befasst war und ob seine Intervention zum Erfolg geführt hat, muss offen bleiben. Die im Archiv der Handelskammer aufbewahrten Unterlagen, das bleibt festzuhalten, tragen jedenfalls, auch wenn in ihnen bestimmte Geschäftsvorgänge oft nicht abschließend dokumentiert sind, viel zur Bereicherung einer Firmengeschichte bei, wie sie zu wesentlichen Teilen bereits von Tibeta Stoltz erarbeitet worden ist.[246]

240 *Signatur: A 41638 Herm. Stoltz. Für beratende Unterstützung danke ich Frau Aasland-Kraft.*

241 *An dieser Stelle sei auf eine zufällige und doch nicht völlig bedeutungslose Gleichzeitigkeit hingewiesen: „Claude Lévi-Strauss bricht am 4. Februar 1935 nach Brasilien auf, wo er genau vier Jahre bleiben wird." (Loyer, Lévi-Strauss, S. 181).*

242 *Im Juli 2018 wird über das Internet bei Tabak-Kontor.de (https://www.tabak-kontor.de/zigarrenacigarillos/brasilienbrasil/bahiadobrasil.html) für „Bahia do Brasil"-Zigarren auf folgende Weise geworben: „Eine ‚Brasil' ist immer etwas Besonderes. Vollmundig im Rauch, würzig, rassig, aber weich im Aroma. Eine dunkle Schönheit, dezent und bekömmlich. Mit nussigem Geschmack und einem Hauch von Zedernholzsüße. Angebaut auf den besonders fruchtbaren Böden der Provinz Bahia, brennt diese Zigarre ausgewogen und bietet einen eleganten, lang anhaltenden Rauchgenuß."*

243 *Vom 3. August 1934 bis 26. November 1937 war Hjalmar Schacht Reichswirtschaftsminister unter Hitler.*

244 *Petrick-Felber, Genuss, S. 87 f. Vgl. auch Bargmann, Tabakstadt, S. 27, ferner Hauschild-Thiessen, Rohkakaohandel, S. 55.*

245 *Petrick-Felber, Genuss, S. 25, 528.*

246 *Vgl. dazu oben S. 60.*

[14]

Das Gedenkbuch zum neunzigsten Geburtstag

Der zuletzt zitierte Brief führt in das Jahr 1935, ein für Georg Hermann Stoltz außergewöhnliches Jahr, in dem er am 11. November neunzig Jahre alt wurde. Wie im Kapitel zur „Quellenlage" bereits angedeutet, hat sich zu dem Anlass des seltenen Geburtstags im Privatarchiv des Urenkels Claudio Stoltz ein großes, schweres Buch erhalten, das man mit seinem Format von 31 mal 26 Zentimetern in der Höhe und Breite sowie acht Zentimetern in der Dicke ohne weiteres einen Folianten nennen kann. Auf einem dunkelbraunen Ledereinband steht in Goldschrift lediglich der Titel „11. November 1935". Eine Titelei oder irgendwelche Erklärungen gibt es nicht. Der Foliant ist nichts weiter als eine staunenswerte Sammlung originaler Dokumente. Man kann auch von einem dickleibigen Sammelalbum sprechen, in dem mit Hunderten von Zeugnissen die Gratulationen vereint sind, die G. Hermann Stoltz zu seinem neunzigsten Geburtstag erhalten hat.

Der erstaunliche Band, eine einzigartige biografische Quelle, wird im folgenden „Gedenkbuch 11. November 1935" oder einfach „Gedenkbuch" genannt. Um eine ungefähre Vorstellung von der Zusammenstellung zu gewinnen, sei zunächst in einer summarischen Inhaltsangabe aufgelistet, was das Album enthält. Es beginnt gewissermaßen mit zwei Paukenschlägen: An erster Stelle steht ein Brieftelegramm von „Seiner Majestät des Kaisers und Königs" Wilhelm II., abgesandt aus dem „Haus Doorn". An zweiter Stelle folgt mit einem Schreiben „Der Führer und Reichskanzler". Zu diesen beiden Zeugnissen, die auch etwas über das politische Selbstverständnis des Geehrten aussagen, wird weiter unten Näheres erklärt. Als Drittes erscheint ein Gratulationsschreiben des Hamburger Senators Georg Ahrens (1896–1974); auch auf dieses Schreiben wird später noch eingegangen. Viertens wird „Unserem hochverehrten Seniorchef" von den Mitarbeitern der Hamburger Firma gratuliert, unterschrieben mit den Namenszügen von 45 Firmenangehörigen.

Es folgen 49 Originaltelegramme, wobei jeweils zwei Telegramme zu einer Seite des Buchs zusammengeleimt sind. Dreiundzwanzig Telegramme aus Brasilien sind etwas weiter hinten eingefügt. Zwanzig vierseitige Schmucktelegramme im Format DIN A4, in Deutschland abgesendet, ergeben insgesamt weitere 80 Seiten; Anschließend erscheinen fast hundert teilweise sehr ausführliche Briefe, meistens handgeschrieben. Danach sind auf vielen Seiten Briefkarten und knapp fünfzig mit Glückwünschen beschriebene Visitenkarten eingeklebt.

Gedenkbuch „11. November 1935"

Ziemlich genau in der Mitte des Gedenkbuchs beginnt sozusagen ein zweites Hauptkapitel: eine lange Abfolge von deutschen und brasilianischen Zeitungsausschnitten, jeweils auf eine feste weiße Unterlage (mehr Pappe als Papier) aufgeklebt. Über den Berichten, die etwa mit dem Titel „G. Hermann Stoltz, 90 Jahre alt" oder „G. Hermann Stoltz' Ehrentag" versehen sind, ist handschriftlich der jeweilige Name der Zeitung eingetragen, mit der einheitlichen Datumsangabe „XI 1935". Viele Artikel weisen ein Porträtfoto von G. H. Stoltz auf, das ihn in hohem Alter zeigt; es ist in allen Zeitungen dasselbe Foto. Dass auch in zahlreichen Beiträgen die Texte weitgehend identisch sind, indem ein Schreiber den Wortlaut vom anderen übernommen hat, ist nicht verwunderlich.

Eine strenge Kapitelfolge wird in der Dokumentensammlung im Übrigen nicht eingehalten. Dem umfangreichen Abschnitt mit Zeitungsartikeln sind nochmals, gewissermaßen in einem zweiten Durchgang, zahlreiche Telegramme, Briefe, Brief- und Visitenkarten angefügt, und auf der Innenseite des hinteren Einbanddeckels ist eine Tasche mit einem Kuvert angebracht, der eine Vielzahl weiterer Glückwünsche enthält. Insgesamt ist das Gedenkbuch eine geradezu monumentale Rückschau auf das Leben von Georg Hermann Stoltz, ein großer Lebenskommentar – ohne dass in dem Buch vom Gefeierten selbst oder einem seiner Verwandten auch nur ein einzige Erklärung abgegeben wird. Die gesammelten Zeugnisse sprechen für sich selbst.

DIE Serie der Zeitungsausschnitte wird eröffnet von einem Artikel aus der in Hamburg erschienenen „Ibero-amerikanischen Rundschau". Nachdem in einem Lebensüberblick zunächst die Einsatzbereitschaft und der Weitblick des Neunzigjährigen gelobt wird – Kennzeichnungen, die in vielen Würdigungen wiederholt werden –, folgt eine Rückblende: „In Anerkennung seiner Verdienste um die Ausweitung und Vertiefung der deutsch-brasilianischen Beziehungen, sei es in wirtschaftlicher, sei es in kultureller Beziehung, verlieh das Ibero-Amerikanische Institut Hamburg dem greisen Hermann Stoltz bereits anläßlich seines 80. Geburtstages die Goldene Medaille des Ibero-Amerikanischen Instituts. In allen Kreisen Deutschlands und Brasiliens hat das Lebenswerk des Kommerzienrats Stoltz volle Anerkennung gefunden (…)." Es wird also daran erinnert, dass bereits im Jahr 1925 Anlass gegeben war, auf ein „Leben voller Arbeit und Erfolge" zurückzublicken.

AUSFÜHRLICH wird eine weitere Rückblende zitiert, die am 9. November 1935 vom „Jornal do Commercio" in Rio de Janeiro veröffentlicht wurde und die, was den Anlass der Verleihung einer Auszeichnung betrifft, in engem Zusammenhang mit dem Vorangegangenen steht. In der Übersetzung von Claudio Stoltz heißt es zu einem zunächst nicht näher datierten Ereignis: „Herr Hermann Stoltz, Gründer der Firmen Herm. Stoltz & C. in dieser Stadt und in São Paulo und Pernambuco wie auch der Firma Herm. Stoltz in Hamburg, Patriarch einer zahlreichen brasilianischen Familie, vollendet am 11. dieses Monats sein 90. Lebensjahr.

Im Vollbesitz bester Gesundheit und bewundernswerter Geisteskräfte, begabt mit einem außerordentlichen Gedächtnis, erinnert der ehrwürdige Greis gesellschaftliche, wirtschaftliche und politische Begebenheiten bis 1866, dem Jahr seiner Ausreise von Deutschland nach Brasilien an Bord des Segelschiffes ‚Brasileira'.

Herr Herm. Stoltz war immer ein treuer und wirksamer Freund Brasiliens, der sich dem Land seiner Kinder untrennbar verbunden fühlt, ohne die Liebe für seine überseeische Heimat zurückzusetzen.

Er erinnert sich eines Festessens zu Ehren des verewigten Professors Miguel Couto, als dieser die Auszeichnung durch die Goldene Medaille des Ibero-Amerika Instituts der Universität Hamburg erhielt.

Auf Bitte des Ehrengastes setzte sich Herr Stoltz an seine Seite und der Professor Miguel Couto erklärte in seiner offiziellen Rede bewegt seine große Genugtuung darüber, zu dieser festlichen Stunde an seiner Seite den Herren zu wissen, der mit dem armen Jüngling Miguel Couto, der damals Lehrling in einer Apotheke war, wohlwollend umging, als dieser, wie es damals üblich war, dem Hause Stoltz Medikamente zustellte.

Diese kleine Episode charakterisiert zwei Männer, einen großen brasilianischen Gelehrten, der im Zenit seines Ruhmes als Wissenschaftler auf einer Veranstaltung in erlesener Gesellschaft dem gütigen deutschen Kaufmann aus der Zeit seiner bescheidenen Jugend seine Dankbarkeit ausdrückte, und den Prinzipal eines bedeutenden Handelshauses mit seiner edlen Liebenswürdigkeit und seelischen Größe.

G. Hermann Stoltz. Foto der Ibero-amerikanischen Rundschau (November 1935)

Diese Qualitäten des Prinzipals erklären vielleicht das Geheimnis der großen Entwicklung der Häuser Stoltz."

DER bedeutende brasilianische Allgemeinmediziner, Gelehrte und Politiker Miguel de Oliveira Couto, der von 1865 bis 1934 lebte, erhielt die Goldene Medaille des Ibero-Amerikanischen Forschungsinstituts der Hamburgischen Universität vermutlich um das Jahr 1920 herum.[247] Die Würdigung im „Jornal do Commercio" verdeutlicht auf anschauliche Weise, wie sich in der persönlichen Erinnerung eine offizielle, den Adressaten Stoltz auszeichnende Anerkennung zugleich mit einem unscheinbaren, die Generosität der Geehrten aufzeigenden Erlebnis verbindet.

WAS nun die ersten Seiten des Gedenkbuchs angeht, so offenbaren sie eine deutliche Rangfolge und lassen damit, wenn auch letztlich unbestimmt, allgemeine Rückschlüsse hinsichtlich des politischen Selbstverständnisses von G. Hermann Stoltz zu. Auf die Gestaltung, auf die Abfolge der Gratulationen wird zweifellos der Neunzigjährige selbst Einfluss genommen haben, wenn auch vielleicht nicht in einem strikten Sinn. Indem nach den Zeitungsausschnitten nochmals ein ganzer Schub persönlicher Glückwünsche folgt, liegt die Schlussfolgerung nahe, dass es Stoltz oder seinen Helfern nicht auf eine konsequente Gesamtgliederung des Gedenkbuchs ankam; das Nacheinander der einzelnen „Kapitel" behält etwas Improvisiertes. Der „Auftakt" jedoch, die hierarchische Folge der ersten vier Grußadressen, wirkt überlegt und gewollt.

WÄHREND der wichtigsten Jahrzehnte seines Kaufmannslebens hatte Stoltz unter den drei Kaisern Wilhelm I, Friedrich III. und Wilhelm II. Erfolg gehabt. Politisch kann man ihn ohne weiteres als „kaisertreu" ansehen, was sich auch insofern als schlüssig erweist, als sein „deutsches" Engagement in Brasilien etwa mit dem Einsatz in der (oder für die) Gesellschaft „Germania" durchaus national bzw. deutschnational ausgerichtet war. Die „Kaiserzeit" war für die in die Jahre gekommenen Kaisertreuen auch 1935 nicht beendet. So jedenfalls scheint es sich für Wilhelm II. – durchaus derselben Generation wie G. H. Stoltz angehörend – selbst verhalten zu haben, der von seinem Exil in Doorn aus gewissermaßen einfach weiterregiert, obwohl er seit 1918 abgesetzt ist. Das ungebrochene Selbstbewusstsein des Kaisers kommt auch (mit dem Datum des 11. November 1935 versehen) im „Brieftelegramm Seiner Majestät des Kaisers und Königs" – so die Überschrift des Glückwunsches – zum Ausdruck:[248]

„ZUR Vollendung Ihres 90. Lebensjahres spreche ich Ihnen, zugleich im Namen Ihrer Majestaet der Kaiserin, herzliche Glueckwuensche aus. In dankbarer Anerkennung Ihrer hohen Verdienste um das Deutschtum in Brasilien und zur Erinnerung an den heutigen Tag sende ich Ihnen anliegend Mein Bild mit dem Wunsche, Gott der Herr moege Ihren Lebensabend segnen!" – Die persönliche, mit einem violetten Buntstift ausgefertigte und mit theatralischen Schnörkeln versehene Unterschrift „Wilhelm I. R. [Imperator Rex, HJS]" füllt unter dem Gratulationstext fast eine halbe Seite.

DER zweite Brief im Gedenkbuch ist „Der Führer und Reichskanzler" überschrieben und trägt das Datum „Berlin, den 11. No-

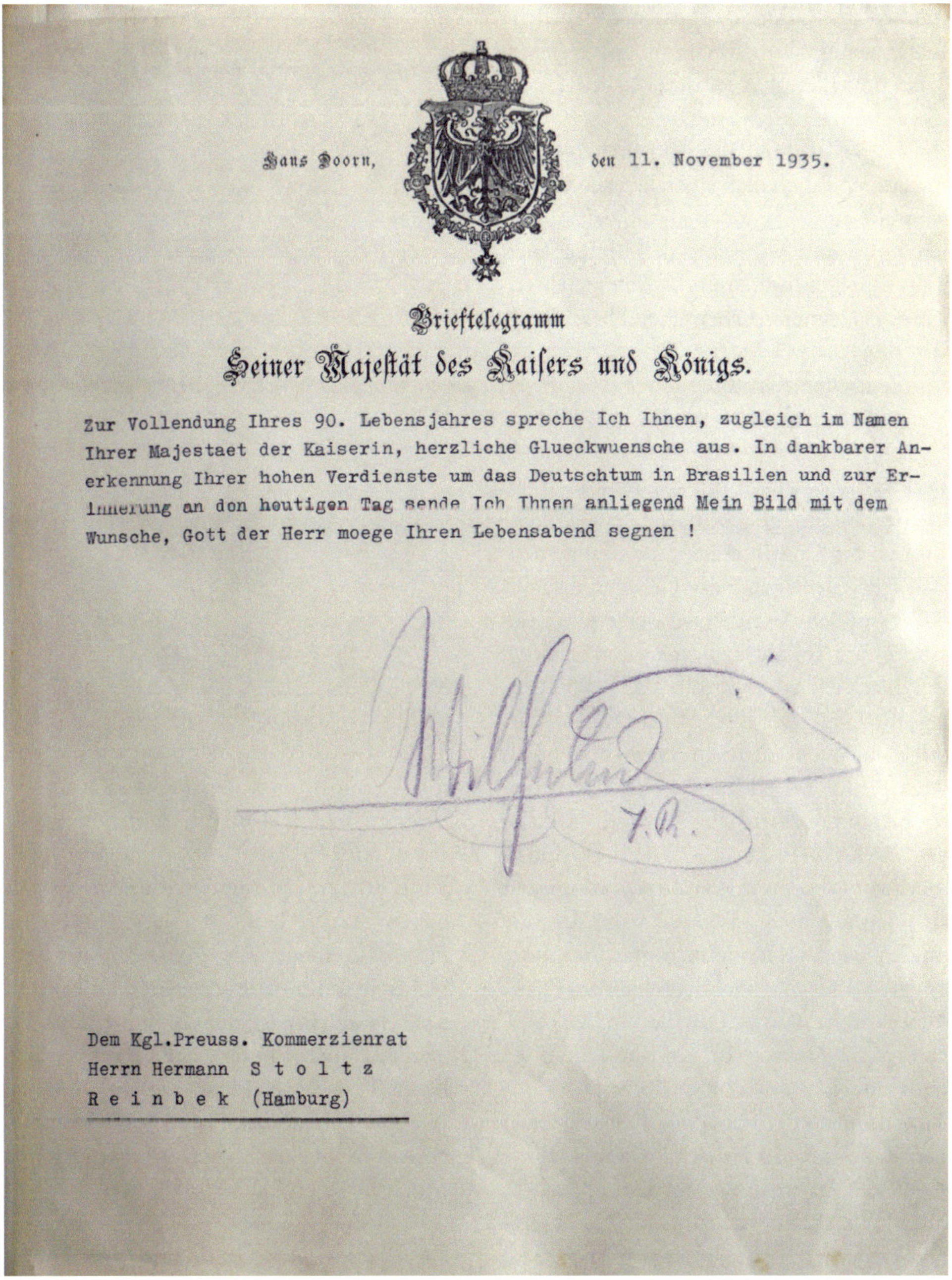

Haus Doorn, den 11. November 1935.

Brieftelegramm

Seiner Majestät des Kaisers und Königs.

Zur Vollendung Ihres 90. Lebensjahres spreche Ich Ihnen, zugleich im Namen Ihrer Majestaet der Kaiserin, herzliche Glueckwuensche aus. In dankbarer Anerkennung Ihrer hohen Verdienste um das Deutschtum in Brasilien und zur Erinnerung an den heutigen Tag sende Ich Ihnen anliegend Mein Bild mit dem Wunsche, Gott der Herr moege Ihren Lebensabend segnen !

Wilhelm I.R.

Dem Kgl.Preuss. Kommerzienrat
Herrn Hermann S t o l t z
R e i n b e k (Hamburg)

Brieftelegramm Wilhelms II. zum 11. November 1935

vember 1935“. Der Text ist auf deutliche Weise weniger hoheitlich und gottgegeben, dabei unverkennbar selbstbewusst:
„Sehr geehrter Herr Stoltz!
Zu der Vollendung Ihres 90. Lebensjahres spreche ich Ihnen meine herzlichsten Glückwünsche aus.
Ich hoffe und wünsche, daß Ihnen auch weiterhin Gesundheit und Wohlergehen sowie ein gesegneter Lebensabend beschieden sein mögen.
Mit deutschem Gruß!
[persönliche Unterschrift, HJS:] [A] Hitler“.

Der Glückwunsch im Gedenkbuch an zweiter Stelle, gleich nach dem Glückwunsch des Kaisers, macht, um es allgemein zu sagen, deutlich, dass Georg Hermann Stoltz mit dem Wandel, der sich Anfang des Jahres 1933 vollzogen hatte, einverstanden war. Nach der Weltwirtschaftskrise von 1928 lag jahrelang, wie Tibeta Stoltz es ausdrückt, „alles im Argen“, aber „im Jahre 1934 kamen wieder gute Zeiten für die Firma. Sie hielten bis zum Ausbruch des Zweiten Weltkrieges.“[249] Dass G. H. Stoltz dem Nationalsozialismus positiv gegenüberstand, spiegelt sich deutlich auch in Geschäftsbriefen, die im Archiv der Handelskammer Hamburg erhalten sind. In einem Schreiben der Firma Herm. Stoltz in Hamburg vom 9. Mai 1938 heißt es als Antwort auf ein Rundschreiben der Handelskammer beispielsweise: „1.) Die Inhaber meiner Firma, sowie deren Ehepartner sind arisch. 2.) Jüdisches Kapital wurde meiner Firma nicht zur Verfügung gestellt. Heil Hitler! [Unterschrift, HJS]“. Entsprechendes ist auch in Schreiben vom 27. Mai und 1. Juni 1938 dokumentiert.

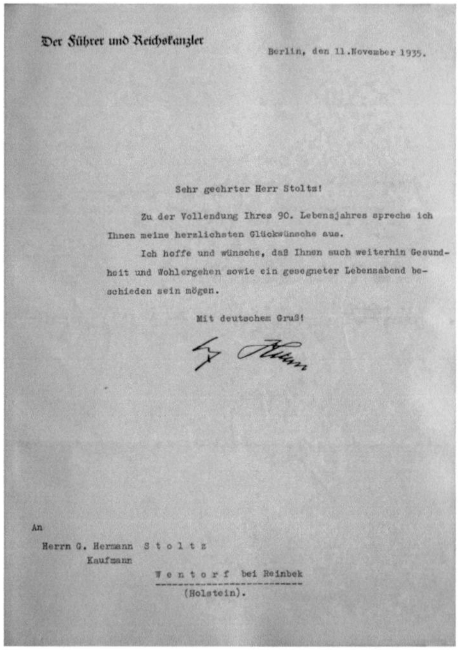

Der Führer und Reichskanzler

Berlin, den 11.November 1935.

Sehr geehrter Herr Stoltz!

Zu der Vollendung Ihres 90. Lebensjahres spreche ich Ihnen meine herzlichsten Glückwünsche aus.

Ich hoffe und wünsche, daß Ihnen auch weiterhin Gesundheit und Wohlergehen sowie ein gesegneter Lebensabend beschieden sein mögen.

Mit deutschem Gruß!

An
Herrn G. Hermann Stoltz
Kaufmann
Wentorf bei Reinbek
(Holstein).

Glückwünsche von Adolf Hitler zum 11. November 1935

Der mit dem gestanzten Hamburger Wappen versehene Glückwunschbrief des Senators Georg Ahrens, der den beiden soeben zitierten Schreiben an dritter Stelle folgt, ist etwas ausführlicher; unter anderem wird darin erklärt: „Mit unermüdlicher Tatkraft haben Sie im Laufe der Jahrzehnte Ihre Firma zu einem weit über Hamburg und Deutschland hinaus bekannten und geachteten Handelshaus emporgeführt. Daß Sie daneben auch Ihrem Vaterlande und dem Deutschtum im Ausland wertvolle Dienste geleistet haben, zeugt von dem guten, in bestem Sinne hanseatischen Geist, der Ihre Arbeit beseelt. (…) Heil Hitler!“

Zur Person von Georg Friedrich Ahrens (1896–1974) hat Uwe Lohalm im vierten Band der „Hamburgischen Biografie“ einen ausführlichen Artikel verfasst. Darin heißt es im ersten Absatz:

„GEORG Ahrens war von der ersten bis zur letzten Stunde des NS-Regimes in Hamburg der Mann unmittelbar hinter dem Gauleiter und Reichsstatthalter Karl Kaufmann. Er leitete im Februar/März 1933 die Verhandlungen zur nationalsozialistischen Machtübernahme durch einen Koalitionssenat unter dem Bürgermeister Carl Vincent Krogmann, ebenso wirkte er mit bei der kampflosen Übergabe der Stadt am 3. Mai 1945."

DAS offizielle Gratulationsschreiben der Stadt Hamburg erreichte G. Hermann Stoltz also von höchster Stelle. Gleichzeitig erhielt er ein Telegramm aus Wentorf, das unter den Schmucktelegrammen den vordersten Platz einnimmt: „Gemeinderat Wentorf und der Unterzeichnete senden Ihnen zum 90jährigen Geburtstage die herzlichsten Glückwünsche und wünschen Ihnen auch fernerhin beste Gesundheit. Suhr, Bürgermeister." Dieses Telegramm des Bürgermeisters Wilhelm Suhr[250] wirkt auf einen heutigen Betrachter durch sein hochpathetisches Schmuckbild besonders auffallend: Ganz in Braun gehalten, schwebt ein riesiger Adler diagonal durch einen dramatischen Wolkenhimmel, in dessen Zentrum als Sonne das Hakenkreuz leuchtet; der Adler überfliegt eine Phalanx aus Fahnen, die nochmals mit einem großen Hakenkreuz ausgestattet sind. Eine solche Illustration war für die Zeit um 1935 durchaus typisch.[251]

Schmucktelegramm aus Bergedorf/Wentorf zum 11. November 1935

EIN bemerkenswertes Telegramm wurde vom brasilianischen Außenminister José Carlos de Macedo Soares zugesandt. Von Zeitungsartikeln, Telegrammen und Visitenkarten abgesehen, erreichten den Gefeierten wohl ebenso viele Briefe aus Brasilien wie aus Deutschland. Natürlich gab es neben zahlreichen offiziösen Schreiben von Firmen oder Gesellschaften auch viele private Gratulationen. In einer stichprobenartigen Auswahl seien einige wenige Absender genannt, deren Glückwünsche im Gedenkbuch versammelt sind: Von der Firma Herm. Stoltz & Co. in Pernambuco traf ein Brief mit 17 Unterschriften ein; neben der Industrie- und Handelskammer Hamburg gratulierte die Deutsch-Brasilianische Handelskammer in São Paulo; es schrieben das Syndicato Condor Ltda., Rio de Janeiro, die Deutsche Zeppelin-Reederei, Friedrichshafen, die Geographische Gesellschaft, Hanseatische Kolonisations-Gesellschaft sowie der Nationalklub von 1919 in Hamburg. Zu

G. Hermann Stoltz (um 1935)

den Vorstandsmitgliedern des letztgenannten Klubs gehörte Max von Schinckel,[252] einer der Mäzene der Hamburgischen Wissenschaftlichen Stiftung. Neben Schinckel erhielt Stoltz auch von Moritz Max Warburg ein Telegramm.[253]

WEITERE Glückwunschbriefe wurden beispielsweise verfasst von der Hamburg-Südamerikanischen Dampfschifffahrts-Gesellschaft, vom Norddeutschen Lloyd (Bremen), von der Deutsch-Südamerikanischen Bank Aktiengesellschaft, von der Deutschen Überseeischen Bank und der „Albingia" Versicherungs-Aktiengesellschaft. Der Vorstand der Gesellschaft Harmonie schickte eine handgeschriebene Visitenkarte. Dazu sei angemerkt, dass Georg Hermann Stoltz im Herrenclub der Harmonie in den Jahren 1909 und 1910 eine besondere Stellung innehatte, indem er ihm als Revisor, d. h. als Kassenprüfer angehörte.[254] Außerdem war er Mitglied des eben erwähnten Nationalklubs von 1919.[255] Einem Brief von seiner Schwiegertochter Magdalena Stoltz,[256] geschrieben in Reinbek am 25. Oktober 1921, ist ferner zu entnehmen – das Thema „Gedenkbuch" wird hiermit verlassen –, dass er, Georg Hermann, „öfter zu den Vorträgen des Fichtebundes" ging.[257] Der Deutsche Fichte-Bund mit Hauptsitz in Hamburg wurde 1914 als „Reichsbund für Deutschtumsarbeit" gegründet. Er ist dem nationalistisch-völkischen Lager zuzurechnen.[258] Aus verschiedenen Zeugnissen geht also hervor, dass Georg Hermann Stoltz in seinen politischen Anschauungen nationalkonservativ ausgerichtet war, mit offenkundigen Sympathien für den Nationalsozialismus.

247 *Trotz gründlicher Recherchen konnte nicht ermittelt werden, wann genau Miguel Couto die Goldene Medaille des Hamburger Forschungsinstituts erhielt.*

248 *Die Anschrift des Brieftelegramms lautet: „Dem Kgl. Preuss. Kommerzienrat / Herrn Hermann Stoltz / Reinbek (Hamburg)".*

249 *Stoltz, Reise, S. 21.*

250 *Vgl. Ballerstedt; Boehart, Zeiten, S. 155 f.*

251 *Vgl. etwa Deutsches Historisches Museum, Kolonialismus, Abbildung S. 247.*

252 *Hamburger Nationalklub (https://de.wikipedia.org/wiki/Hamburger_Nationalklub; Stand: 24. Juli 2018).*

253 *Dazu Gerhardt, Begründer, S. 63, 73 ff.*

254 *Entwicklung „Harmonie", S. 119, 126.*

255 *Vgl. Gerhardt, Begründer, S. 67.*

256 *Magdalena Stoltz, geb. von Hosstrup (1884–1935) war die Ehefrau von R. Hans Stoltz. Deutsches Geschlechterbuch 209, S. 328.*

257 *Privatarchiv Peter Jacubowsky. Vgl. auch einen Brief Magdalenas vom 5. Dezember 1921: „Heute abend will ich mit Papa zu einem Vortrag (…) über Preussens Erhebung von 1813. Es gibt hier einen Fichteklub, der viele Vorträge im Winter arrangiert".*

258 *Deutscher Fichte-Bund (https://de.wikipedia.org/wiki/Deutscher_Fichte-Bund; Stand: 24. Juli 2018).*

[15]

Letzte Lebensjahre und Ausblick

Am 2. Mai 1938 erschien in der Abendausgabe des „Hamburger Fremdenblatts“ ein Artikel,[259] in dem darauf aufmerksam gemacht wurde, dass die Firma Herm. Stoltz & Co. nunmehr seit 75 Jahren besteht. Am 1. Mai 1863 war die Vorgängerfirma der Hamburger Kaufleute Carl Brandes und Otto Kramer gegründet worden; Hermann Stoltz gab dieser Firma, nachdem er zuvor Teilhaber geworden war, „am 1. Januar 1884 nach Ausscheiden der übrigen als alleiniger Inhaber seinen eigenen Namen.“ Wichtig an diesem Artikel, der verschiedene Hinweise zur Entwicklung und Bedeutung der Firma enthält, ist mit dem Schlusssatz der Sprung in die Gegenwart des Jahres 1938: „Herr Hermann Stoltz, der im 93. Lebensjahr steht, hat sich erst seit kurzem aus der geschäftlichen Tätigkeit zurückgezogen.“

Der Geheime Kommerzienrat hat sich demnach bis kurz vor seinem Tod – er starb am 12. Dezember 1939 in Wentorf – um seine Firma gekümmert, offensichtlich bis zuletzt gesund und rüstig. Näheres zu seiner allerletzten Lebenszeit ist nicht bekannt. An dieser Stelle muss zurückgeblendet werden in die Zeit vor dem Ersten Weltkrieg: Am 28. April 1910 war Hermanns Ehefrau Fanny im Alter von 56 Jahren gestorben. Wie bereits erwähnt, wurde ihr Tod „durch eine verpfuschte Stirnhöhlen-Operation herbeigeführt.“ Dazu schreibt Fannys Neffe Harro Treplin, Onkel Hermann, der in vielem das genaue Gegenteil seiner Frau war, habe sehr an ihr gehangen.[260]

In einer „Rede am Sarg von Frau Fanny Stoltz, geb. Lorenz-Meyer“, gehalten am 30. April 1910 von Pastor A. Fries in der Kirche zu Reinbek, wird noch einmal hervorgehoben: „Der Glaube war das Zentrum ihres Daseins.“ Weiter spricht Fries von ihrer „zurückhaltenden Art“, in der sie „oft, was sie am stärksten bewegte, still in sich verschloß (...). Für andere scheute sie keine Mühe. Und was sie einmal angegriffen hatte, das führte sie durch mit zäher Ausdauer“. Fanny, einer vielseitig erfahrenen Frau, sei „ein sicherer Blick und ein klares Urteil über die Menschen“ zu eigen gewesen.[261]

G. Hermann Stoltz hat seine Frau um nahezu drei Jahrzehnte überlebt. Mit zunehmendem Alter muss ihm, wie seine Urenkelin Hilke Börner erzählt, das Laufen schwerer gefallen sein. Er konnte beispielsweise nicht mehr ohne weiteres auf altgewohnte Weise zu Fuß den Reinbeker Bahnhof erreichen. Da beschloss seine Tochter Elena, die frisch verwitwete Schwester Louise, also Hermanns Älteste, solle den Führerschein machen, um den alten Herrn chauffieren zu können. Einen Chauffeur wollte

Fanny Stoltz

man nicht einstellen (dazu kam es erst später). Unter den Schwestern gab es einige Aufregung, da Louise sich sträubte, weil sie Angst hatte. Sie nahm dann aber doch gewissenhaft Fahrstunden und konnte auf diese Weise ihrem Vater helfen.

FÜR noch größere Aufregung sorgte es, als Hermann noch einmal Heiratsabsichten erkennen ließ. In unmittelbarer Nähe seines Wentorfer Hauses hatte er einem Bruder seiner Frau großzügig das Wohnhaus Am Mühlenteich 4 überlassen. Bis zu seinem Tod 1928 konnte der Bruder, zusammen mit Frau und sieben Kindern, das Haus bewohnen. Später hätte Hermann die Witwe, die er sehr schätzte, wohl gern geheiratet, aber seine Töchter erklärten dazu kategorisch, sie würden das Haus ihres Vaters nicht mehr betreten, wenn er seine Absichten wahr machte. Daraufhin leistete Hermann Verzicht.[262] Die Witwe musste das Haus Am Mühlenteich unmittelbar nach dem Tod Hermanns verlassen.[263]

AUF der Grabstätte der Familie Stoltz in Reinbek wurde er nach seinem Tod, der wie erwähnt am 12. Dezember 1939 eingetreten war, beerdigt. Wenige Wochen vor seinem Tod begann mit dem deutschen Überfall auf Polen der Zweite Weltkrieg. Damit ergaben sich für die Aktivitäten der Stoltz-Firmen sowohl in Brasilien als auch in Deutschland weitreichende, einschneidende Veränderungen. Die Blütezeit in den deutsch-brasilianischen Beziehungen, die Georg Hermann

Fanny Stoltz

Fanny Stoltz

Wohnhaus Am Mühlenteich 4, Wentorf

Stoltz über Jahrzehnte durch seine kaufmännischen Unternehmungen herbeigeführt hatte, fand keine Fortsetzung. Wie Hermanns Urenkel Claudio Stoltz erklärt, befanden sich die Hauptfirmen der Stoltz Gruppe in Brasilien; die Firma in Hamburg führte zwar auch ein Eigenleben, aber sie war im Grunde eher ein Einkaufsbüro, das den brasilianischen Firmen zuarbeitete.[264]

DURCH den Umstand, dass Brasilien am 28. August 1942 auf der Seite der Alliierten in den Krieg eintrat,[265] riss die Verbindung zwischen Deutschland und Brasilien, die schon vorher durch Blockaden empfindlich gestört worden war,[266] praktisch vollständig ab. Tibeta Stoltz, die auf die Geschichte der Stoltz-Firmen bis in die Zeit um 1990 detailliert eingeht, fasst bündig zusammen, welche Folge die Kriegserklärung Brasiliens hatte: Sie „führte zur Vernichtung der brasilianischen Firmen Herm. Stoltz, im Rahmen der Sondergesetzgebung der alliierten ‚Schwarzen Liste'." Sie „bedeutete für die darin aufgeführten Personen und Firmen: kein Visum, keine Reisen, keine Handelsbeziehungen." Es spielte keine Rolle, dass die Nachkommen von G. H. Stoltz in Brasilien geboren, also brasilianische Staatsbürger waren. „Die Firmen und die Inhaber waren auf die ‚Schwarze Liste' gesetzt worden, weil sie und ihre Vorfahren schon vor der Gründung des Deutschen Reiches 1871 (...) als hervorragende Exponenten deutscher Wirtschaft und deutscher Tüchtigkeit galten."

WEITER heißt es in diesem Zusammenhang: „Die Zerstörung der Firmengruppe war beinahe vollständig. Ein Ordentliches Gesetz (Decreto Lei Nr. 5699 vom 27.7.

G. Hermann Stoltz mit seinen vier Töchtern in Wentorf (1939)

Südseite des Familiengrabes G. Hermann Stoltz, Friedhof Reinbek

1943) der brasilianischen Bundesregierung verurteilte die Firmen Herm. Stoltz & CIE in Rio de Janeiro, São Paulo und Recife-Pernambuco zur Zwangsliquidierung. Kurz darauf, durch das Dekret Nr. 14.161 vom 02. 12. 1943 wurden auch alle der Familie und der Firma gehörenden Aktien entschädigungslos beschlagnahmt.“[267]

Wie Claudio Stoltz ergänzend berichtet, verlor sein Großvater R. Hans im Krieg nicht nur den größten Teil seines Vermögens und alle Geschäftsbeziehungen, sondern auch zwei seiner Söhne, Roland und Jürgen, die als deutsche Offiziere fielen. Die beiden verbliebenen Söhne wurden für mehr als zwei Jahre in Brasilien in Gefängnissen interniert, erhielten nach Kriegsende zunächst Berufsverbot und begannen dann, die Firmen wiederaufzubauen. Der älteste Sohn G. Hermann, der sich seit Beginn der dreißiger Jahre auf die Nachfolge vorbereitet hatte, starb bereits 1953; knapp fünf Jahre später starb der Vater R. Hans. Die Firmen wurden nunmehr vom einzig überlebenden Sohn Hans-Ulrich Hermann weitergeführt.[268]

Die Geschichte der Stoltzschen Firmen in Brasilien war also mit dem Tod des Kommerzienrats nicht beendet. Sie soll aber hier nicht weiterverfolgt werden, da insbesondere der Bericht Tibetas im Internet frei zugänglich ist. Die verwickelte Firmengeschichte nach 1939 ist nicht mehr Teil der Biografie von G. Hermann Stoltz.

Mit Hilfe von Dokumenten, die im Archiv der Handelskammer Hamburg erhalten sind, könnten zahlreiche Einzelheiten zur

Geschichte der Hamburger Firma Hermann Stoltz nachgezeichnet werden, doch soll es auch hierbei mit wenigen Hinweisen sein Bewenden haben. In einem ausführlichen Schreiben der Hamburger Firma Herm. Stoltz vom 7. Mai 1946, abgeschickt in der Ferdinandstraße 75, wurde die Handelskammer darum gebeten, es zu befürworten, dass die Firma die Büroräume des teilweise wieder hergerichteten Scholvienhauses am Glockengießerwall erneut beziehen kann. Zwei Tage später erklärte sich die Handelskammer „damit einverstanden, daß Ihnen für etwa 10 Personen ausreichender Büroraum sowie ein entsprechender Lagerraum am Glockengießerwall im Scholvienhaus freigestellt werden. Sie beabsichtigen, etwa 120 qm Fläche in Anspruch zu nehmen. Es handelt sich um Räume, die noch beschädigt sind."

WENIGE Jahre später, seit dem 4. September 1950, hatte die Firma Herm. Stoltz jedoch eine neue Adresse; nunmehr befanden sich die Büros in der Hermannstraße 14. In einem Schreiben vom 16. Juli 1957 konnte der Handelskammer mitgeteilt werden, die Firma Herm, Stoltz habe „inzwischen ihr Geschäft weitgehend wieder aufbauen können". Es handele sich um eine „Offene Handelsgesellschaft", persönlich haftende Gesellschafter seien „Herr Rudolph Hans Stoltz und Herr Hans-Ulrich Stoltz (...)." Letzterer, am 6. April 1916 in Rio de Janeiro geboren, war das fünfte Kind und der zweite Sohn von R. Hans. Wie Tibeta schreibt – seit 1948 war sie mit Hans-Ulrich verheiratet[269] –, gab es für den Letztgenannten nie einen Zweifel daran, „was er in seinem Leben machen würde. Es war ganz selbstverständlich, auch er sollte in der Familienfirma tätig werden."[270]

UM eine Vorstellung davon zu gewinnen, womit die Firma konkreten Handel trieb oder treiben wollte, sei folgendes angeführt: In einem Schreiben der Firma Herm. Stoltz vom 6. Februar 1952 wird die Handelskammer gebeten um die „Ausstellung einer Globalbescheinigung für folgende Artikel, die wir im Rahmen unseres Geschäftes bereits vor und auch nach dem Kriege importiert haben:

Tabak	äth. Oele
Holz	Hörner
Kaffee	Reis, Mais
Kakao	Fette & Öle (Früchte & Saaten)
Korken/Korkholz	Wachse
Häute, Felle	Honig
Baumwolle/Linters	Haare
Sisal	Hülsenfrüchte
Piassava, Kapok	Knochen
Därme	Lederabfall und Rohstoffe für die Leimherstellung (...)."

RUDOLPH Hans Stoltz war am 4. Februar 1958 in Rio de Janeiro gestorben.[271] Damit blieb Hans-Ulrich neben zwei weiteren Beteiligten, die beide 1963 ausschieden, alleiniger persönlich haftender Gesellschafter. Am 23. Januar 1964 teilte die Geschäftsstelle des Amtsgerichts Hamburg der Handelskammer folgendes mit: „Auf Anordnung des Registergerichts werden Sie benachrichtigt, daß in das Handelsregister, Abteilung A, Nr. 41638 betreffend die Firma Herm. Stoltz unter lfd. Nr. 17 am 22. Januar 1964 folgendes eingetragen worden ist (...): Die offene Handelsgesellschaft ist aufgelöst worden. Hans-Ulrich Stoltz ist nunmehr Alleininhaber."

Einem Vermerk der Handelskammer vom 24. Mai 1966, betreffend die Firma Herm. Stoltz in Hamburg, ist dann zu entnehmen, die Firma Stoltz, Brasilien sei, wie verlautet, „in Schwierigkeiten geraten (…). Die zuständigen Stellen sollen bemüht sein, im Wege eines Vergleichsverfahrens das Weiterarbeiten der Firma zu ermöglichen. Über den Ausgang dieser Bemühungen kann z. Zt. noch nichts gesagt werden. Auch ist im Augenblick noch nicht zu übersehen, welche Rückwirkungen die Schwierigkeiten in Brasilien auf das hiesige Haus haben werden.“ Mit diesen Hinweisen wird zum einen deutlich, dass weiterhin enge Verbindungen zwischen Hamburg und Brasilien fortbestanden, dass zum anderen aber diese Verbindungen keineswegs problemlos waren. Das Geschäft der Hamburger Firma wurde im Januar 1967 von einer Kommanditgesellschaft übernommen. Die Geschäftsräume wurden im Juli 1970 in die Flemingstraße 13 verlegt. Sieben Jahre später erfolgte ein weiterer Umzug in den Möringbogen 8.

Schliesslich endet die Geschichte der Hamburger Firma Herm. Stoltz einem Formblatt des Amtsgerichts Hamburg an die Handelskammer zufolge unter dem Datum des 2. Januar 1984 in lapidarer Kürze: „Die Firma ist erloschen.“

So konnte das seit 1866 entstandene große Aufbauwerk von Georg Hermann Stoltz nach dem Zweiten Weltkrieg unter den völlig veränderten und sehr erschwerten Umständen von seiner Familie nicht fortgeführt werden. Seinen Nachkommen bleibt die Erinnerung an seine großzügige unternehmerische Idee, seine Tatkraft und seinen unermüdlichen Einsatz. Mit seinem Lebenswerk hat er für seine Familie und seine Nachfahren den unermesslichen Reichtum Brasiliens erschlossen und bis heute deren global ausgerichtete Lebenswirklichkeit geprägt.

259 *Hamburger Fremdenblatt Nr. 120 (2. Mai 1938)*
260 *Treplin, Familiengeschichten, S. 43. Vgl. oben S. 47.*
261 *Privatarchiv Peter Jacubowsky.*
262 *Gespräch mit Hilke und Wilko Börner vom 11. Februar 2016.*
263 *Mail von Peter Jacubowsky, 15. Mai 2018.*
264 *Gespräch mit Claudio Stoltz am 20. Juni 2017.*
265 *König, Geschichte Brasiliens, S. 252.*
266 *Stoltz, Reise, S. 24.*
267 *Ebd., S. 25.*
268 *Mail von Claudio Stoltz, 4. Juni 2018.*
269 *Deutsches Geschlechterbuch 209, S. 346.*
270 *Stoltz, Reise, S. 23.*
271 *Deutsches Geschlechterbuch 209, S. 328.*

[16]

Anhänge

Stammtafel (Auszug)

August Hermann Stoltz (1808–1846)	Catharina Elisabeth Lauenstein (1818–1867)	Valentin Lorenz Meyer (1817–1901)	Johanna Eleonore Henriette Sieveking (1826–1883)
∞ 1839		∞ 1850	

Georg Hermann Stoltz (1845–1939)	Fanny Caroline Eleonore Meyer (1853–1910)
∞ 1875 *Acht Kinder, drei früh gestorben*	

Louise Stoltz	Fanny Stoltz	H. Elisabeth Stoltz	R. Hans Stoltz	C. Elena Stoltz
(1876–1963) ∞ Hugo Philipsen (1869–1925)	(1877–1972) ∞ Ernst Abel (1868–1943)	(1879–1952) ∞ Moritz W. C. C. W. Gleisner (1871–1922)	(1880–1958) ∞ A. Magdalena von Hosstrup (1884–1935) *Zehn Kinder, darunter*	(1882–1962) ∞ Tom Ringel (1869–1934)

Gerda Stoltz	G. Hermann Stoltz	Elisa Stoltz	Hans-Ulrich H. Stoltz	Irmgard C. Stoltz
(1909–2004) ∞ Hans C. H. A. Schuldt (1902–1972) *Zwei Kinder, darunter*	(1910–1953) ∞ M. Charlotte Forstmann (1919–2002) *Fünf Kinder, darunter*	(1913–1956) ∞ Heinz Mirow (1902–1997) *Sechs Kinder, darunter*	(1916–1989) ∞ Tibeta Ubbelohde (1924–2016) *Vier Kinder, darunter*	(1921–2002) ∞ H. Joachim F. W. Jacubowsky (1921–1994) *Drei Kinder, darunter*

Gerda Stoltz (1909–2004) ⚭ Hans C. H. A. Schuldt (1902–1972)	G. Hermann Stoltz (1910–1953) ⚭ M. Charlotte Forstmann (1919–2002)	Elisa Stoltz (1913–1956) ⚭ Heinz Mirow (1902–1997)	Hans-Ulrich H. Stoltz (1916–1989) ⚭ Tibeta Ubbelohde (1924–2016)	Irmgard C. Stoltz (1921–2002) ⚮ H. Joachim F. W. Jacubowsky (1921–1994)
Hilke Schuldt (geb. 1942) ⚭ Wilko H. Börner (geb. 1937) *Drei Kinder, darunter*	Claudio H. Stoltz (geb. 1943) ⚭ Gundalena H. Arnsperger (geb. 1942) *Vier Kinder, darunter*	H. Michael Mirow (geb. 1938) ⚭ E. Marina Viets (geb. 1945)	Christian H. Stoltz (geb. 1952) ⚭ I. Sabine Büsing (geb. 1955) ⚭ II. Karin Weiler (geb. 1942)	Peter C. Jacubowsky (geb. 1953) ⚭ R. Marie Christine Prinzessin zur Lippe (geb. 1959)
Adrian Börner (geb. 1973) Benita Börner (geb. 1975) ⚭ Michael v. Beyme (geb. 1972)	Dominik Stoltz (geb. 1983)			

Unter den Ur- und Ururenkeln von Georg Hermann Stoltz sind lediglich diejenigen berücksichtigt, mit denen der Verfasser im Verlauf seiner Recherchen in nähere Verbindung getreten ist.

Georg Hermann Stoltz' Lebensdaten im Überblick

11. November 1845	Geboren in Melle, Wiehengebirge
Ostern 1852 bis 7. März 1863	Besuch des Gymnasiums Johanneum Lüneburg, Abgang mit der „Reife für die Classis Prima“
etwa 1863–1866	Lehre in der Firma F. W. Helmers & Sohn, Bremen
3. September 1866	Ankunft in Rio de Janeiro
1866	Eintritt in die Firma Brandes, Kramer & Ferreira, Rio de Janeiro
seit 1867	Mitglied der Gesellschaft Germania, Rio de Janeiro
um 1868	Wird nach dem Tod der Mutter 1867 Teilhaber – später Alleininhaber – der Firma Brandes, Kramer & Ferreira
23. Februar 1875	Heirat mit Fanny Caroline Eleonore Meyer in Hamm bei Hamburg
7. Dezember 1880	Geburt des Sohnes Rudolph Hans in Niterói (Brasilien)
1884	Umbenennung der Firma Brandes, Kramer & Ferreira in Herm. Stoltz & Co. Gleichzeitig Gründung der Firma Herm. Stoltz & Cie. in Hamburg. Damit verbunden Rückkehr nach Hamburg
1890	Erwerb eines Sommerhauses mit Parkgrundstück in Wentorf bei Hamburg
1892	Gründung einer Filiale der Firma Herm. Stoltz & Co in São Paulo
1910	Gründung einer Niederlassung in Recife
1915	Gründung der Hermann Stoltz-Stiftung zur Förderung des Gymnasiums Johanneum Lüneburg
Ende 1918/Anfang 1919	Ernennung zum Königlich Preußischen Geheimen Kommerzienrat
12. Dezember 1939	Gestorben in Wentorf

[17]

Quellen, Literatur und Bildnachweis

Unveröffentlichte Quellen:

Im Staatsarchiv Hamburg (StA Hbg.), im Archiv der Handelskammer Hamburg und im Stadtarchiv Lüneburg wurden Nachlässe ausgewertet. Nähere Angaben hierzu finden sich in den Anmerkungen.

Im Archiv der Hamburgischen Wissenschaftlichen Stiftung wurde eingesehen: Hauptbuch 1906/1914

Börner, Wilko H.: Brasilien heute und seit dem 22. April 1500. Vortrag vor dem Rotary Club Hamburg Steintor am 15. Juli 2014 (Privatarchiv Wilko H. Börner)

Gedenkbuch 11. November 1935 (Privatarchiv Claudio Stoltz)

[Schuldt, Aus dem Leben:] Erzählungen aus dem Leben von Gerda Schuldt geb. Stoltz in Wentorf bei Hamburg im August und September 2002 (Privatarchiv Adrian Börner)

[Treplin, Familiengeschichten:] Hans und Harro Treplin erzählen Familiengeschichten. Zum 80. Geburtstag von Harro Treplin. 27. 6. 1969 (Privatarchiv Peter C. Jacubowsky)

Literatur und veröffentlichte Quellen:

Albrecht, Henning: Diamanten, Dynamit und Diplomatie: Die Lipperts. Hamburger Kaufleute in imperialer Zeit, Hamburg 2018 (Mäzene für Wissenschaft; 20)

Ballerstedt, Hildegard; Boehart, William: Herrschaftliche Zeiten. Zur Geschichte der Villenviertel in Wentorf, Schwarzenbek 2000

Bargmann, Robert (Zusammenstellung): Bremen die Tabakstadt Deutschlands. Eine Darstellung des bremischen Tabakhandels und der bremischen Tabakindustrie, Bremen 1939

Behr, Karin von: Art. Jürgens, Rudolph Philipp Christian, in: Kopitzsch, Franklin; Brietzke, Dirk (Hg.): Hamburgische Biografie. Personenlexikon, Band 2, Hamburg 2003, S. 203

Budrass, Lutz: Adler und Kranich. Die Lufthansa und ihre Geschichte 1926–1955, München 2016

Dettmann, Eduard: Brasiliens Aufschwung in deutscher Beleuchtung, Berlin 1908

Deutsches Geschlechterbuch, Genealogisches Handbuch bürgerlicher Familien, Band 171 (Hamburgisches Geschlechterbuch, Band 12), Limburg a. d. Lahn 1975

Deutsches Geschlechterbuch, Genealogisches Handbuch bürgerlicher Familien, Band 200 (Hamburgisches Geschlechterbuch, Band 13), Limburg a. d. Lahn 1996

Deutsches Geschlechterbuch, Genealogisches Handbuch bürgerlicher Familien, Band 205 (Hamburgisches Geschlechterbuch, Band 14), Limburg a. d. Lahn 1997

Deutsches Geschlechterbuch, Genealogisches Handbuch bürgerlicher Familien, Band 209 (Hamburgisches Geschlechterbuch, Band 15), Limburg a. d. Lahn 1999

Deutsches Historisches Museum (Hg.): Deutscher Kolonialismus. Fragmente seiner Geschichte und Gegenwart, [Berlin] ²2017

Die Entwicklung der Gesellschaft „Harmonie“ von 1789. Ein dokumentarischer Beitrag zur Geschichte bürgerlicher Kultur und Geselligkeit in Hamburg, Hamburg 1979 (Veröffentlichungen des Vereins für Hamburgische Geschichte; XXVI)

Figueiredo, Jobson; Marroquim, Dirceu; Schneider, Sylk: Zeppelin no Recife. 32 Postkarten, Recife ^{2}2017
Gerhardt, Johannes: Die Begründer der Hamburgischen Wissenschaftlichen Stiftung, Hamburg, ^{2}2015 (Mäzene für Wissenschaft; 1)
Ders.: Eduard Lorenz Lorenz-Meyer. Ein Hamburger Kaufmann und Künstler, Hamburg 2007 (Mäzene für Wissenschaft; 3)
Ders.: Edmund Siemers. Unternehmer und Stifter, Hamburg 2014 (Mäzene für Wissenschaft; 16)
Glombik, Gerhard: Prominente Ehemalige Johanniter, hg. vom Gymnasium Johanneum Lüneburg 2006
Grüschow, Johannes: Bäuerliche Verhältnisse und dörfliche Zustände in den letzten Jahrhunderten, in: Heimatbuch Wentorf. Anläßlich der 750-Jahrfeier herausgegeben von der Gemeinde Wentorf bei Hamburg, Lauenburg/Elbe 1967, S. 89–108
Ders.: Vom Bauerndorf zum Vorort Hamburgs, in: Heimatbuch Wentorf. Anläßlich der 750-Jahrfeier herausgegeben von der Gemeinde Wentorf bei Hamburg, Lauenburg/Elbe 1967, S. 133–172.
Hamburger Fremdenblatt Nr. 120 (2. Mai 1938): 75 Jahre deutsche Brasil-Firma
Hauschild-Thiessen, Renate: Rohkakaohandel in Hamburg. 1911–1986, Hamburg 1986
Dies.: Zwischen Hamburg und Chile. Hochgreve & Vorwerk, Hamburg. Vorwerk & Co., Chile. Vorwerk Gebr. & Co., Hamburg. Vorwerk y Cía. S. A., Chile, Hamburg 1995
Hinden, H[einrich]: Deutsche und Deutscher Handel in Rio de Janeiro. Ein hundertjähriges Kulturbild. Zur Zentenar Feier der Gesellschaft „Germania“ 1821–1921, hg. von der Gesellschaft Germania Rio de Janeiro zur Erinnerung an ihr hundertjähriges Bestehen, Rio de Janeiro 1921
Hipp, Hermann: Freie und Hansestadt Hamburg. Geschichte, Kultur und Stadtbaukunst an Elbe und Alster, Köln 1989 (DuMont-Dokumente: DuMont-Kunst-Reiseführer)
Jendrowiak, Silke: Der Forschung. Der Lehre. Der Bildung. Hamburg und seine Universität, Hamburg 1994
Kähler-Timm, Hilde: Theodor Storm – Dichter aus Husum. Fritz Stuhr – Unternehmer aus Friedrichstadt. Vettern und Freunde, 2017 (93. Mitteilungsblatt der Gesellschaft für Friedrichstädter Stadtgeschichte)
Köb, Edgar H.: Die Brahma-Brauerei und die Modernisierung des Getränkehandels in Rio de Janeiro 1888 bis 1930, Stuttgart 2005 (Beiträge zur Unternehmensgeschichte; 20)
König, Hans-Joachim: Geschichte Brasiliens, Stuttgart 2014 (Reclams Universal-Bibliothek; 19207)
Krause, Eckart: Der Forschung, der Lehre, der Bildung. Facetten eines Jubiläums: Hundert Jahre Hauptgebäude der Universität Hamburg, in: Nicolaysen, Rainer (Hg.): Das Hauptgebäude der Universität Hamburg als Gedächtnisort. Mit sieben Porträts in der NS-Zeit vertriebener Wissenschaftlerinnen und Wissenschaftler, Hamburg 2011, S. 25–55
Lehmann, Albrecht: Erzählstruktur und Lebenslauf. Autobiographische Untersuchungen, Frankfurt a. M., New York 1983
Lohalm, Uwe: Art. Ahrens, Georg Friedrich, in: Kopitzsch, Franklin; Brietzke, Dirk (Hg.): Hamburgische Biografie. Personenlexikon, Band 4, Göttingen 2008, S. 18–20
Lorenz-Meyer, Eduard: Wappenbuch der Hamburgischen Deputationen, [Hamburg 1896; unpaginiert]
Loyer, Emmanuelle: Lévi-Strauss. Eine Biographie, Berlin 2017
Lübbren, Friedrich: 45 Jahre Hamburgische Wissenschaftliche Stiftung 1907–1952, Hamburg 1952 [vervielfältigtes Manuskript]
Martin, Rudolf: Jahrbuch des Vermögens und Einkommens der Millionäre in den drei Hansastädten (Hamburg, Bremen, Lübeck), Berlin 1912
Melle, Werner von: Dreißig Jahre Hamburger Wissenschaft 1891–1921. Rückblicke und persönliche Erinnerungen. Hg. auf Anregung der Hamburgischen Wissenschaftlichen Stiftung, Band 1, Hamburg 1923
Meyers Grosses Taschenlexikon in 24 Bänden, Mannheim u. a. ^{2}1987
Michels, Karen: „Es muß besser werden!“ Aby und Max Warburg im Dialog über Hamburgs geistige Zahlungsfähigkeit, Hamburg 2015 (Mäzene für Wissenschaft; 17)
Petrick-Felber, Nicole: Kriegswichtiger Genuss. Tabak und Kaffee im „Dritten Reich“,

Göttingen 2015 (Beiträge zur Geschichte des 20. Jahrhunderts; 17)
Rathmann, Herbert: Jugendjahre in Reinbek, Reinbek 1973
Richter, Myriam I.: Stadt – Mann – Universität. Hamburg, Werner von Melle und ein Jahrhundert-Lebenswerk. Teil 1: Der Mann und die Stadt, Hamburg 2016 (Mäzene für Wissenschaft; 18)
Rinke, Stefan; Schulze, Frederik: Kleine Geschichte Brasiliens, München 2013 (becksche reihe; 6092)
Schiefler, Gustav: Eine Hamburgische Kulturgeschichte 1890–1920. Beobachtungen eines Zeitgenossen. Bearbeitet von Gerhard Ahrens, Hans Wilhelm Eckardt und Renate Hauschild-Thiessen, Hamburg 1985 (Veröffentlichungen des Vereins für Hamburgische Geschichte; 27)
Schlee, Ernst: Christian Carl Magnussen. Ein Künstlerschicksal aus der Kaiserzeit, Husum 1991
Schröder, Hans Joachim: Die gestohlenen Jahre. Erzählgeschichten und Geschichtserzählung im Interview: Der Zweite Weltkrieg aus der Sicht ehemaliger Mannschaftssoldaten, Tübingen 1992 (Studien und Texte zur Sozialgeschichte der Literatur; 37)
Ders.: Technik als biographische Erfahrung 1930–2000. Dokumentation und Analyse lebensgeschichtlicher Interviews, Zürich 2007 (Kulturwissenschaftliche Technikforschung; 1)
Ders.: Hermann Franz Matthias Mutzenbecher. Ein Hamburger Versicherungsunternehmer, Hamburg 2008 (Mäzene für Wissenschaft; 4)
Ders.: Die Brüder Augustus Friedrich und Gustav Adolph Vorwerk. Zwei Hamburger Kaufleute, Hamburg 2009 (Mäzene für Wissenschaft; 5)
Ders.: Ernst Friedrich Sieveking. Erster Präsident des Hanseatischen Oberlandesgerichts, Hamburg 2009 (Mäzene für Wissenschaft; 7)
Ders.: Hermann Blohm. Gründer der Werft Blohm & Voss, Hamburg 2011 (Mäzene für Wissenschaft; 10)
Ders.: Heinrich Freiherr von Ohlendorff. Ein Hamburger Kaufmann im Spiegel der Tagebücher seiner Ehefrau Elisabeth, Hamburg 2014 (Mäzene für Wissenschaft; 15)
Ders.: Julius Carl Ertel. Ein Hamburger Industrieller, Hamburg 2017 (Mäzene für Wissenschaft; 19)
Stammbaum der Familie Mutzenbecher 1636–1971, Band 2, Witzhave 1973
Stoltz, Tibeta: Georg Hermann Stoltz. Reise nach Brasilien, Wentorf 1997; online: http://www.stoltz-online.de/pdf/Firmengeschichte.pdf
Tilgner, Daniel: Art. Hamm, in: Kopitzsch, Franklin; Tilgner, Daniel (Hg.): Hamburg Lexikon, Hamburg 2010, S. 308
Treplin, Louise; Grönning, Caroline: Valentin Lorenz Meyer, Hamburg [2]1992
Wachtel, Joachim; Ott, Günther: Im Zeichen des Kranichs. Die Geschichte der Lufthansa von den Anfängen bis 1945, München u. a. 2016
Wegner, Matthias: Hanseaten. Von stolzen Bürgern und schönen Legenden, Berlin [2]2002 (BvT Berliner Taschenbuch Verlag; 76013)
Weidenfeld, Werner: Wo Europa liegt, in: Süddeutsche Zeitung, Nr. 253 (4./5. November 2017), S. 5.
Willamowski, Heidegret: Art. 600 Jahre Johanneum, in: Gymnasium Johanneum Lüneburg (Hg.): Festschrift 600 Jahre Johanneum Lüneburg, Lüneburg [2006], S. 43 f.
Wirtz, Markus Antonius (Hg.): Dorsch – Lexikon der Psychologie, Bern [18]2017

Bildnachweis:

Trotz sorgfältiger Nachforschungen konnten nicht für alle Abbildungen die Rechteinhaber ermittelt werden. Sollte jemand in urheberrechtlicher Beziehung Rechte geltend machen, so möge er sich an die Hamburgische Wissenschaftliche Stiftung wenden.

Archivgemeinschaft Schwarzenbek (S. 88 f., 91)
Ballerstedt, Hildegard; Boehart, William: Herrschaftliche Zeiten. Zur Geschichte der Villenviertel in Wentorf, Schwarzenbek 2000 (S. 93)
Deutsches Geschlechterbuch, Genealogisches Handbuch bürgerlicher Familien, Band 209 (Hamburgisches Geschlechterbuch, Band 15), Limburg a. d. Lahn 1999 (S. 14, 15, 18, 83, 92)
Figueiredo, Jobson; Marroquim, Dirceu; Schneider, Sylk: Zeppelin no Recife. 32 Postkarten, Recife [2]2017 (S. 125)
Foto Alberto Henschel & Co., Rio de Janeiro (S. 44 oben rechts, 61)
Foto Benque & Kindermann, Hamburg (S. 30, 45 unten rechts, 60, 77)

Foto Carneiro & Tavares, Rio de Janeiro (S. 45 oben links)
Foto Gottheil & Sohn, Danzig (S. 147 oben)
Foto Henschel & Benque, Rio de Janeiro (S. 44 oben links)
Foto Myriam Isabell Richter (S. 137, 141, 142, 143)
Foto Rudolph Dührkoop, Hamburg (S. 65, 82, 99, 100)
Foto W. Breuning, Hamburg (S. 44 unten rechts, 76 oben)
Foto Wladimir Linde, Hamburg (S. 78, 94, 95)
Glombik, Gerhard: Prominente Ehemalige Johanniter, hg. vom Gymnasium Johanneum Lüneburg 2006 (S. 25)
Hinden, H[einrich]: Deutsche und Deutscher Handel in Rio de Janeiro. Ein hundertjähriges Kulturbild. Zur Zentenar Feier der Gesellschaft „Germania" 1821–1921, Hg. von der Gesellschaft Germania Rio de Janeiro zur Erinnerung an ihr hundertjähriges Bestehen, Rio de Janeiro 1921 (S. 56 oben, 58)
Privatarchiv Adrian Börner (S. 49, 52, 56 unten, 57, 59, 80, 86 f., 130, 144, 149, 152)
Privatarchiv Christian H. Stoltz (S. 79, 81, 121, 150 f.)
Privatarchiv Claudio H. Stoltz (S. 115 f., 139)
Privatarchiv Peter Jacubowsky (S. 32, 33, 54 f., 62, 75, 96 f., 113, 126, 147 unten, 148)
Privatarchiv Wolfgang Lorenz-Meyer (S. 36, 37)
Staats- und Universitätsbibliothek Hamburg Carl von Ossietzky (S. 103, 104)
Stadtarchiv Lüneburg (S. 20, 109)
Warnke, Pedro (Hg.): Ausgangspunkt Valentin Lorenz-Meyer 1817–1901 und Johanna Eleonore Henriette geb. Sieveking 1826–1883. Das Photoalbum im Besitz von Hans Gustav Treplin [Trebur 2009] (S. 45 oben rechts, 71)

[18]

Namensregister

Verzeichnet sind die Namen von natürlichen Personen, die in den Kapiteln 1 bis 15 genannt werden. Anmerkungen bleiben unberücksichtigt, ebenso der Name Georg Hermann Stoltz. Ein * verweist darauf, dass auf der angegebenen Seite (auch) ein Bild der jeweiligen Person bzw. der Name eines Malers erscheint.

Abel, Elisabeth 97*
Abel, Ernst 43, 97*
Abel, Fanny (1877–1972, geb. Stoltz) 43, 44*, 97*
Abel, Louise 97*
Ackermann, Dorothea (siehe Stoltze, Dorothea)
Ahrens, Georg Friedrich 136, 142, 143
Ahrens, Therese (geb. Meyer) 35
Amsinck, Erdwin 7

Ballerstedt, Hildegard 90, 92
Behn, August 34
Beyme, Benita von (geb. Börner) 101
Bismarck, Otto von 94
Blohm, Georg 23
Blohm, Hermann 23, 34, 102
Blumenau, Hermann 64
Boehart, William 90, 92
Bohlen, Eduard 7
Bollmeyer, Maria Christiana (siehe Stoltz, Maria Christiana)
Börner, Adrian 10, 12
Börner, Benita (siehe Beyme, Benita von)
Börner, Hilke (geb. Schuldt) 11, 15, 17, 23, 26, 29, 146
Börner, Wilko Hermann 8, 11, 15, 26
Brandes, Carl 68, 72, 146
Brinkmann, Rudolf 65
Budrass, Lutz 124

Carneiro, Conde Ernesto Pereira 124
Couto, Miguel de Oliveira 138, 140
Cramer, Johanna Elisabeth (geb. Sieveking) 38, 39, 40, 41, 42, 43

Dannemann 62, 63, 64
Dettmann, Eduard 27, 63
Diederichsen, Gustav 69

Ertel, Julius Carl 91, 93, 94, 102

Friedrich III., Deutscher Kaiser 140
Fries, A. (Pastor) 146

Gerhardt, Johannes 6, 7
Gerstenkorn, Charlotte Elisabeth (siehe Lauenstein, Charlotte Elisabeth)
Gleisner, Eleonore 97*
Gleisner, Hans 97*
Gleisner, Henriette Elisabeth (auch Lisbeth, geb. Stoltz) 43, 45*, 97*
Gleisner, Hermann 97*, 112, 120
Gleisner, Lorenz 97*
Gleisner, Moritz (Mauricio) Wilhelm Carl Clemens Wolrad 43, 97*
Glombik, Gerhard 11
Graeber, Henriette Emilie (auch Ette, geb. Meyer) 31, 32
Grönning, Caroline Helene Auguste (auch Lieze, geb. Meyer) 31, 32*, 33, 39, 41, 42, 51
Grönning, Pauline Elisabeth (auch Paule, geb. Meyer) 31 33
Grönning, Wilhelm 51
Gruel (Pfarrer) 70
Grüschow, Johannes 91

H., Cecilie 42

Haage, Karl 18
Hackmann, D. 108
Haller, Martin 90, 91, 92
Hammer, Fritz 124
Heidmann, Robert 102
Heinrich, Prinz von Preußen 70
Heise, Leopold 72
Helmers, F. W. 22
Hennings, Louise Marianne Johanne von (siehe Sieveking, Louise Marianne Johanne)
Heuer, Gerhard 72
Hinden, Heinrich 11, 24, 53, 68, 69, 70, 71, 72, 76, 77, 79, 118, 119, 120
Hitler, Adolf 142
Hölck, Heinrich 64, 72
Hölk 105
Hos[s]trup, Anna Magdalena von (siehe Stoltz, Anna Magdalena)

Isabel von Brasilien 52

Jacubowsky, Peter C. 11, 12, 13, 29
Jentz, Ernst 111
Jürgens, Rudolph Philipp Christian 93

Kaufmann, Karl 143
Köb, Edgar Helmut 63, 64
Kock (Kätner) 90
König, Hans-Joachim 27, 52
Kramer, Otto 146
Krogmann, Carl Vincent 143
Künning, Johannes 64, 72

Laeisz, Carl 7
Lallemant, Fabiana 71
Lallemant, Felisbella 71
Lamprecht, Leopold 90
Lauenstein, Catharina Elisabeth (siehe Stoltz, Catharina Elisabeth)
Lauenstein, Charlotte Elisabeth (geb. Gerstenkorn) 14, 15
Lauenstein, Johann Conrad 14, 15
Lauer 122
Lindbergh, Charles 123
Lippert, Ludwig 102
Lohalm, Uwe 142
Lorenz-Meyer, Eduard Lorenz 33, 34, 91

Macedo Soares, José Carlos de 143
Magnussen, Anna Meta Mathilde (geb. Meyer) 17, 29
Magnussen, Christian Carl 17
Magnussen, Elena (Helena) Amalie Wilhelmine (siehe Stoltz, Elena (Helena) Amalie Wilhelmine)
Maschke, Georg 64
Melle, Werner von 6, 102, 105, 111
Meyer, Anna Meta Mathilde (siehe Magnussen, Anna Meta Mathilde)
Meyer, Arnold Otto 33, 102
Meyer, Caroline Helene Auguste (auch Lieze, siehe Grönning, Caroline Helene Auguste)
Meyer, Caroline Louise (siehe Treplin, Caroline Louise)
Meyer, Fanny Caroline Eleonore (siehe Stoltz, Fanny Caroline Eleonore, 1853–1910)
Meyer, Henriette Emilie (auch Ette, siehe Graeber, Henriette Emilie)
Meyer, Johanna Eleonore Henriette (geb. Sieveking) 29, 34, 37*, 38, 39, 40, 41, 42, 43, 52
Meyer, Pauline Elisabeth (auch Paule, siehe Grönning, Pauline Elisabeth)
Meyer, Therese (siehe Ahrens, Therese)
Meyer, Valentin Lorenz 11, 17, 29, 31, 33, 34, 35, 36*, 39, 40, 41, 42, 85, 87
Mührenberg, Anke 12
Mutzenbecher, Franz Ferdinand 90
Mutzenbecher, Hermann Franz Matthias 69, 70, 90, 102
Mutzenbecher, Johann Arnold 69

Nolte (Studienrat) 110

Odefey, Friedrich Theodor 91
Ohlendorff, Heinrich Freiherr von 23, 34
Ott, Günther 123, 124

Pedro II., Kaiser von Brasilien 27, 52, 69
Petersen, Olga (geb. Sieveking) 91
Petersen, Rudolf Hieronymus 91, 93
Philipsen, Hugo 43, 97*
Philipsen, Louise (geb. Stoltz) 43, 44*, 97*, 146, 147
Prell, Christine Elisabeth (siehe Stoltz, Christine Elisabeth)
Probst, Wilhelm 92

Rammelsberg (Vizefeldwebel) 129
Rathmann, Herbert 98

Reincke, Henry Peter Johannes 132
Ringel, Caroline Elena (geb. Stoltz) 43, 45*, 76*, 94, 97*, 112, 146
Ringel, Tom 43, 91, 94
Runge, Carl 120

Sauber, Hermann 7
Sauer, Max 124
Schacht, Hjalmar 134
Scheidt 110
Schiefler, Gustav 102
Schinckel, Maximilian Heinrich von 102, 145
Schneider, Sylk 12, 124
Schröder, Bruno Freiherr von 65, 119
Schuldt, Gerda (geb. Stoltz) 10, 11, 14, 23, 24, 31, 51, 52*, 101
Schuldt, Hilke (siehe Börner, Hilke)
Schulze, Otto 72
Siemers, Edmund Julius Arnold 102
Sieveking, Alice 34
Sieveking, Ernst Friedrich 34, 90
Sieveking, Johanna Eleonore Henriette (siehe Meyer, Johanna Eleonore Henriette)
Sieveking, Johanna Elisabeth (siehe Cramer, Johanna Elisabeth)
Sieveking, Louise Marianne Johanne (geb. von Hennings) 51
Sieveking, Olga (siehe Petersen, Olga)
Stoltz, Anna Magdalena (geb. von Hos[s]trup) 77, 78, 81*, 145
Stoltz, August Hermann 13, 14*, 15, 17, 19
Stoltz, Caroline Elena (siehe Ringel, Caroline Elena)
Stoltz, Catharina Elisabeth (geb. Lauenstein) 14*, 15, 26
Stoltz, Christine Elisabeth (geb. Prell) 13
Stoltz, Claudio Hermann 11, 12, 13, 136, 138, 149, 152
Stoltz, Conrad August 15, 17, 18*, 24, 29, 70, 71
Stoltz, Dominik 12
Stoltz, Elena (Helena) Amalie Wilhelmine (geb. Magnussen) 17, 18*, 29, 42, 71
Stoltz, Erich Albert Hermann 76
Stoltz, Fanny Caroline Eleonore (1853–1910, geb. Meyer) 11, 29, 30*, 31, 32*, 33, 34, 35, 38, 39, 40, 41, 42, 43, 44*, 45*, 47, 48*, 49*, 51, 52, 61, 70, 71*, 74, 85, 94*, 95, 146, 147*, 148*
Stoltz, Fanny (1877–1972, siehe Abel, Fanny)
Stoltz, Georg Hermann (1910–1953) 82*, 83*, 152
Stoltz, Gerda (siehe Schuldt, Gerda)
Stoltz, Hans-Ulrich (Hannes) Hermann 10, 22, 152, 153
Stoltz, Henriette Elisabeth (auch Lisbeth, siehe Gleisner, Henriette Elisabeth)
Stoltz, Hieronymus Christian 13
Stoltz, Hieronymus Jürgen Hermann 152
Stoltz, Johann Ulrich Rudolf 15, 17, 19
Stoltz, Louise (siehe Philipsen, Louise)
Stoltz, Maria Christiana (geb. Bollmeyer) 13
Stoltz, Minna 15, 17, 29, 31, 97*
Stoltz, Roland Hermann 152
Stoltz, Rudolph Hans 22, 42, 43, 45*, 65, 74, 75, 76*, 77*, 78*, 79, 80*, 82*, 83*, 101, 114, 118, 119, 120, 122, 152, 153
Stoltz, Tibeta (geb. Ubbelohde) 10, 22, 24, 26, 27, 29, 51, 53, 57, 60, 61, 62, 63, 64, 69, 74, 75, 77, 79, 83, 85, 98, 118, 120, 122, 124, 134, 142, 149, 152, 153
Stoltze, Dorothea (geb. Ackermann) 13
Stoltze, Johann Hinrich 13
Suhr, Wilhelm 143

Tiefenbacher, Maximilian B. 93
Treplin, August Martin 29, 31, 39
Treplin, Caroline Louise (geb. Meyer) 31, 32, 38, 39, 40, 41, 42, 47
Treplin, Hans 43, 47, 52, 94
Treplin, Harro 47, 52, 94, 98, 102, 146

Ubbelohde, Tibeta (siehe Stoltz, Tibeta)

Vorwerk, Augustus Friedrich 23, 34
Vorwerk, Gustav Adolph 23, 34

Wachtel, Joachim 123, 124
Wackermann (Lackemann), H. J. 24
Warburg, Max 65, 102, 145
Weidenfeld, Werner 8
Wichern, Johann Hinrich 35
Wilhelm I., Deutscher Kaiser 70, 140
Wilhelm II., Deutscher Kaiser 136, 140
Wille, Theodor 124
Woermann, Adolph 102
Wojahn, Lara 12

Aus der Reihe „Mäzene für Wissenschaft“ sind bisher erschienen:

Band 1 Die Begründer der Hamburgischen Wissenschaftlichen Stiftung
Band 2 Sophie Christine und Carl Heinrich Laeisz. Eine biographische Annäherung an die Zeiten und Themen ihres Lebens
Band 3 Eduard Lorenz Lorenz-Meyer. Ein Hamburger Kaufmann und Künstler
Band 4 Hermann Franz Matthias Mutzenbecher. Ein Hamburger Versicherungsunternehmer
Band 5 Die Brüder Augustus Friedrich und Gustav Adolph Vorwerk. Zwei Hamburger Kaufleute
Band 6 Albert Ballin
Band 7 Ernst Friedrich Sieveking. Erster Präsident des Hanseatischen Oberlandesgerichts
Band 8 Franz Bach. Architekt und Unternehmer
Band 9 Alfred Beit. Hamburger und Diamantenkönig
Band 10 Hermann Blohm. Gründer der Werft Blohm & Voss
Band 11 Gustav Amsinck. Ein Hamburger Großkaufmann in New York
Band 12 Henry P. Newman. Hamburger Großkaufmann und Mäzen
Band 13 Adolph Lewisohn. Kupfermagnat im „Goldenen Zeitalter“
Band 14 Johannes August Lattmann. Sozial und liberal im vordemokratischen Hamburger Senat
Band 15 Heinrich Freiherr von Ohlendorff. Ein Hamburger Kaufmann im Spiegel der Tagebücher seiner Ehefrau Elisabeth
Band 16 Edmund Siemers. Unternehmer und Stifter
Band 17 „Es muß besser werden!“ Aby und Max Warburg im Dialog über Hamburgs geistige Zahlungsfähigkeit
Band 18 Stadt – Mann – Universität: Hamburg, Werner von Melle und ein Jahrhundert-Lebenswerk, Teil 1: Der Mann und die Stadt
Band 19 Julius Carl Ertel. Ein Hamburger Industrieller
Band 20 Diamanten, Dynamit und Diplomatie: Die Lipperts. Hamburger Kaufleute in imperialer Zeit

In Vorbereitung sind:

Max Emden. Hamburger Kaufmann, Kaufhaus-Erfinder und Mäzen

Stadt – Mann – Universität: Hamburg, Werner von Melle und ein Jahrhundert-Lebenswerk, Teil 2: Der Mann und die Universität

Impressum

Bibliografische Information der Deutschen Nationalbibliothek
Die Deutsche Nationalbibliothek verzeichnet diese Publikation in der Deutschen Nationalbibliografie; detaillierte bibliografische Daten sind im Internet über https://portal.dnb.de abrufbar.

Online-Ausgabe
Die Online-Ausgabe dieses Werkes ist eine Open-Access-Publikation und ist auf den Verlagswebseiten frei verfügbar. Die Deutsche Nationalbibliothek hat die Online-Ausgabe archiviert. Diese ist dauerhaft auf dem Archivserver der Deutschen Nationalbibliothek (https://portal.dnb.de/) verfügbar.
DOI https://dx.doi.org/10.15460/HUP.MfW21.192

Printausgabe
ISSN 1864-3248
ISBN 978-3-943423-64-8

Herausgeber: Dr. Ekkehard Nümann
Redaktion, Koordination und Lektorat:
Dr. Johannes Gerhardt
Korrektorat: Martin Vorberg
Grundgestaltung: Peter Schmidt Group, Hamburg
Layout: Michael Sauer
Schrift: Adobe Garamond (alle Rechte vorbehalten)
Druck: Books on Demand, Norderstedt

Verlag: Hamburg University Press,
Verlag der Staats- und Universitätsbibliothek
Hamburg Carl von Ossietzky,
Hamburg (Deutschland), 2018
http://hup.sub.uni-hamburg.de

Hamburgische Wissenschaftliche Stiftung
Edmund-Siemers-Allee 1, Raum 113
20146 Hamburg
http://h-w-s.org